JN061036

近現代日本仏教の歩み

明治から平成まで１５０年を追跡

仏教タイムス社編集部 編

（目　次）

第3部

資料

写真・仏教タイムス社

第1部

明治維新150周年企画　座談会

学僧が語る近代仏教

星野　英紀
山崎　龍明
佐久間賢祐
安中　尚史

平成30年（2018）は明治維新から150年という節目にあたる。時代を大きく区分すると終戦の昭和20年（1945）が分岐点となり、戦前77年、戦後73年となる。檀家制度を柱とする近世仏教は明治に入り、神仏分離令・廃仏毀釈といった困難に直面しつつ、生存をはかるため様々な取り組みをしてきた。そうした中から近代を代表する仏教者が誕生し、時代をリードしてきた。今日、近代仏教研究はめざましい進展を遂げている。僧籍を有する研究者の視点から近代仏教について語っていただいた。

（進行／構成　編集部）

星野英紀（ほしの・えいき）／昭和18年(1943) 東京生まれ。真言宗豊山派僧侶。文学博士。大正大学卒。シカゴ大学修士課程、大正大学大学院博士課程修了。大正大学教授、学長、日本宗教学会会長などを歴任。2016年７月、真言宗豊山派宗務総長に就任。著書に『巡礼―聖と俗の現象学』『四国遍路の宗教学的研究―その構造と近現代の展開』等。東日本大震災以降、被災地寺院の研究に着手。自坊は中野区の福蔵院。

安中尚史（あんなか・なおふみ）／昭和39年（1964）東京生まれ。日蓮宗僧侶。文学博士。立正大学大学院博士課程満期退学。立正大学仏教学部教授。共著に『仏教史研究ハンドブック』『日蓮教団の成立と展開』『近代仏教を問う』など。自坊は千葉県市川市の高圓寺。

佐久間賢祐（さくま・けんゆう）／昭和40年（1965）宮城県生まれ。曹洞宗僧侶。駒澤大学大学院博士課程満期退学。曹洞宗宗学研究所所員などを経て東北福祉大学客員教授。共編著に『仏教なるほど百科』『永平広録語彙索引』『道元読み解き事典』など。自坊は宮城県村田町の龍泰寺。

山崎龍明（やまざき・りゅうみょう）／昭和18年（1943）東京生まれ。浄土真宗本願寺派僧侶。龍谷大学卒、同大学院修士課程修了。武蔵野女子学院中高の教員を経て、武蔵野大学教授。現在、名誉教授。世界宗教者平和会議（WCRP）日本委員会平和研究所所長。仏教タイムス社社長。親鸞に関する著書多数。近著は『平和への道―憲法九条は仏の願い』。自坊は小平市の法善寺。

星野英紀　発題

梵文学を究め、後進を育成した荻原雲来

ずっと宗教学をやってましたので、仏教学、宗学とは、かなり違う学問だと思っています。比較宗教学といった分野でしょうか。私はもともと専門の巡礼研究のまとめが終わり学位を取った後、次は何をしようかと思った時に、長年気になっていた仏教者と戦争という問題を研究しようと思ったのです。私の父親の方々です。その世代の人たちが昭和初期から20年の終戦までの間に何をしていただろうかという問題です。例えば高神覚昇という智山派の人がいます。友松円諦氏の後輩で『般若心経講義』がＮＨＫラジオ放送でたいへんな人気を集めた。この人もその時期、かなりカーブして右寄りになっていく。

次に林霊法さんです。この方は逆に新興仏教青年同盟の妹尾義郎の右腕となった浄土宗僧侶です。東大の哲学を出た人で妹尾氏は彼をとても喜んで受け入れた。林は留置所に引っ張られるけれども、別に党員になったわけではなく、ひどい拷問もなく戦争前に執行猶予の判決でした。戦後は愛知の東海学園女子短期大学学長をされ、教育にも尽くされました。

そうした人々を研究するなかで、私は自分の研究方針で遺族に会いに行きました。ところが私が訪問することで、遺族にいささかの波紋を起こすことがあり、そのために当初は研究に協

◆高神覚昇（1894－1948）：真言宗智山派。智山大学本科卒。NHKラジオの「般若心経」講話が有名。大正大学教授。

◆友松円諦（1895－1973）：浄土宗。慶應大学卒。NHKラジオで「法句経」を講義。真理運動を展開。全日本仏教会の命名者とされる。

◆林霊法（1906－2000）：浄土宗。東京大学卒。妹尾義郎の後をうけ新興仏教青年同盟の委員長を務める。戦後、東海学園女子短期大学学長、知恩寺法主。

力していただいた遺族の意向に反することになってしまったこともありました。問題の微妙さを強く感じました。結局、そのため、この研究は延期しました。

大正大学の関係でいうと近代の学僧で立派な方が何人もいる。その中でピカ一は荻原雲来さんです。明治期にドイツのストラスブルグ大学に留学するんですが、あの頃の人は英語がよくできました。ロイマンというスイス生まれの仏教学者のもとで学んだのですが、ロイマン教授は、漢文は読めなかった。それで共同論文を書いたりして同僚のように扱われました。雲来は大正大学の前身である浄土宗の宗教大学からの先生です。荻原流教授法は今日も大正大学で細々と続いていますが、一対一で梵文（サンスクリット）を読んでいく。しかも一行ごとに読んでいく。そういうもの凄いエネルギーを使う教育をしました。そこからすぐれた梵文学者が大正大学から出てきました。そして大辞典『漢訳対照梵和大辞典』を作るんですが、生前には終了しなくて辻直四郎氏らがつないで完成したものです。『望月仏教大辞典』の望月信亨氏も大変な学僧でした。日本学士院会員にもなりました。

近代の仏教研究者は八宗兼学的勉強の仕方をしたように思います。ところが次第に宗派に直接関連したものしか勉強しなくなったのではないしょうか。そうだとすれば残念なことです。

◆妹尾義郎（1889－1961）：新興仏教青年同盟初代委員長。東大中退。日蓮主義運動を経て、新興仏青を結成し仏教による社会改革を志向した。

◆荻原雲来（1869－1937）：浄土宗。梵語学者。ドイツ留学。帰国後は宗教大学（大正大学）教授などを務めた。

◆ロイマン（1859－1931）：インド研究者。荻原雲来のほか渡辺海旭、渡辺照宏らが学んだ。

◆辻直四郎（1899－1979）：古代インド学者。東大で高楠順次郎から梵語を学んだ。

◆ヤン・ヴァン・ブラフト（1928－2007）：カトリック。南山宗教文化研究所初代所長。

山崎龍明　発題

キリスト教に危機感もった高楠順次郎

日本の１５０年を考えた時、まずは禅宗の鈴木大拙さん。多方面に影響を与えた方で、晩年は浄土教に近接されて『妙好人』という本を書かれた。真宗の者はこれを感激して読んでました。国際的にも著名ですね。

また高楠順次郎師は広島出身で武蔵野女子学院の創設者。なぜ女子の仏教の学校をつくったのか。明確な意図があり、それはこのままでいたら日本はキリスト教の国になるという危機感がありました。個別的に言うと高楠はキリスト教が大嫌い。書物を読むと耶蘇教という語が何度も出てくる。高楠の言葉を借りれば、良家の子女はほとんどキリスト教の学校だと仰っている。良家の子女というのは引っかかるけれども、上流階級の女性を仏教精神で教育したいという信念をお持ちで、大正13年（１９２４）に築地本願寺の日本赤十字社の救護所の跡地を借りて武蔵野女子学院を創設した。最初は入試が子どもたちをダメにするという思いから行わず、しかし希望者が多くなって仕方なく試験制度を設けます。「理想のない人間は必ず堕落する」というのが高楠の大事な言葉であり、世界観であった。それを教育者・仏教者として実践された。高楠三蔵といわれ『大正新脩大蔵経』をはじめとする仏教の基礎的な仕事をされた。

◆**権田雷斧**（1846－1934）：豊山派。豊山派管長、豊山大学学長、大正大学学長を務めた。

◆**勝又俊教**（1909－1994）：豊山派。東大卒。東洋大、大正大で教鞭を執る。大正大学長、豊山派管長。

◆**松原泰道**（1907－2009）：臨済宗。早稲田大学卒。『般若心経入門』は記録的ベストセラー。南無の会会長として全国を講演行脚。

◆**高峯了州**（1898－1977）：本願寺派。龍谷大学卒。著書に『華厳思想史』など。

明治5年（1872）の「僧侶の肉食妻帯蓄髪勝手たるべきこと」という太政官布告があります。浄土宗の福田行誡はこれに対して仏教的な営みから抵抗したことは忘れてはならないと思う。それから真宗の近角常観は求道学舎で若い人に親鸞を説いて支持された。同時代、同じ場所に清沢満之もいた。清沢満之に関してはいろいろな評価がなされ、例えば仏教をただ哲学化しただけだとか。しかし何よりも人脈ですね。金子大栄、曾我量深、暁烏敏など清沢門下にはその後の大谷派教団を支える人たちがいた。中でも暁烏敏はとてもユニークで、戦前は国体的な仏教者でありながら、戦後、宗務総長にまでなった。大谷派では非常に評価されている。このあたりはあまり整理されていないのではないか。暁烏さんを尊敬された方に林暁宇さんという熱心な念仏者がいた。いずれにしても暁烏敏が果たした役割は実に大きいけれども、分析すべきことは多々あると思う。

人脈を見ると大谷派の傾向が多いのですが、ぼくたちが若い頃、本願寺派といえば梅原真隆がいた。富山大学学長を務めた方で、純粋な伝統真宗教学の泰斗でした。ですが、大谷派に比してそれに連なる人脈がない。

戦後では、好き嫌いは別として、禅僧の盛永宗興老師。法話テープなどを聞くととても惹きつけられます。北陸の和田稠（しげし）さん（大谷派）なんかは、社会の中で念仏を営むという方。「信心とは終わりなき発足である」と言われ、多くの人に影響を与えた。私もその一人です。

それから「戦争は罪悪である」と言った竹中彰元（大谷派）も忘れがたい人です。また円日（まどか）

◆鈴木大拙（1870－1966）：帝国大学（東京大学）卒。米国留学。『日本的霊性』は広く読まれている。大拙は居士号

◆高楠順次郎（1866－1945）：本願寺派。オックスフォード大学卒。『大正新脩大蔵経』を企画し渡辺海旭と共に都監となる。

◆福田行誡（1809－1888）：浄土宗。神仏分離令後、「諸宗道徳会盟」を組織し難局に立ちあがる。

◆近角常観（1870－1941）：大谷派。東大卒。東大近くに求道学舎を設立。

◆清沢満之（1863－1903）：大谷派。東大卒。浩々洞を結成し「精神界」を発刊。

成道（本願寺派）という方が九州におられ、鋭い感覚で念仏の教えを営まれている人です。

佐久間賢祐　発題

妻帯は寺院風景を一変させ近代化に寄与

中世から近世にかけての曹洞宗学を専門としていて、近代以降は専門ではないのでどうなることやらと思っています。

曹洞禅の近代化にテーマを絞って2人についてお話ししたい。

曹洞禅も例に漏れず国家の近代化の波に飲み込まれます。日本仏教の顕著な特徴として、「世俗世界との連続性」という問題があり、その帰結として宗教的内実を欠いたものとなっていくという傾向がある。近代国家草創期には内外の啓蒙思想家の多くが外来キリスト教と対比し、日本仏教の世俗性に対して厳しく批判したが、中央集権国家建設のための神道国教化という国策とも大いに関連する。明治5年の太政官布告第１３３号の「肉食妻帯蓄髪勝手たるべし」は、後に教部省大教院院長も務めた曹洞宗の僧、鴻雪爪によって提案された。「事実においてこれを守る清僧は幾何もなく、その大部分は陽守陰犯の徒であり、時勢は大変革した、一般僧侶もこれに応じ旧弊を脱して活動せねばならぬ」（服部荘夫『鴻雪爪翁』古鏡会）と。

江戸期には僧侶の女犯が公然となっていた。つまりこの法令は、日本仏教を自由化、近代化

◆金子大栄（1881－1976）：大谷派。大谷大学卒。『浄土の観念』が異安心とされ大谷大学教授を辞任。後に復帰。

◆曾我量深（1875－1971）：大谷派。大谷大学卒。『如来表現の範疇としての三心観』が異安心とされ、大谷大学教授を辞任。後に復帰し、86歳で学長就任。

◆暁烏敏（1877－1954）：大谷派。大谷大学卒。戦後、宗務総長を務める。

◆梅原真隆（1885－1966）：本願寺派。龍谷大学卒。富山大学学長、参院議員を務めた。

◆盛永宗興（1925－1995）：臨済宗。花園大学学長。

するためでも、仏教を無力化させる試みとして採択されたわけでもなく、むしろ仏教側が大教院宣布運動に参加することを求めて、仏教界側の鴻雪爪によって提起されたものだった。時代の変革期にあって仏教を護持し、現実的に対応させようとした時に取らざるを得ない方策だった。

キリスト教を解禁することを決めた明治政府も、その影響を最大限削減するために、これを受諾して、僧侶が教導職になることを許可した。私自身は僧侶の妻帯は積極的に肯定されてもいい段階に入っていると思う。僧侶の妻帯によって寺院の風景が一変するが、寺院の近代化に大きく寄与したことは間違いないと思う。

曹洞禅の近代化と民衆化に大きく寄与したのが、日用読誦経典でもある『修証義』の編纂だと思う。宗門では、両大本山の軋轢などもあり、宗旨の打ち出しが不明確だった。そうした状況を改革しようとしたのが仏教ジャーナリズムの世界で活躍し、仏教復興運動を推進した大内青巒居士。青巒は本証妙修の四大原則を扶宗会結社の主旨、在家化導の方針としますが、この原則が曹洞宗宗憲の教義の四大綱領となり、教化の標準となっている。

『修証義』に坐禅が説かれていないことがしばしば批判されるが、坐禅宗の坐禅は根本の宗旨であり、命題であるから、あえて青巒は聖域には踏み込まず、宗侶の自主実践に委ねているのだと思う。青巒は曹洞宗扶宗会や尊皇奉仏大同団などの教会結社を結成し、扶宗講社は明治21年（1888）時点で1110と全国に及んだ。現在の大日本印刷＝DNPの前身となる明教

◆和田稠（1916－2006）：大谷派。三度の召集体験を持ち、南洋の島で終戦を迎える。

◆円日成道（1927－）：本願寺派。九州大学卒。

◆竹中彰元（1867－1945）：大谷派。「戦争は罪悪である」と発言し、陸軍刑法（造言飛語罪）に問われる。

◆鴻雪爪（1814－1904）：曹洞宗。後に神道管長、御嶽教管長。

社、秀英舎の設立、鴻盟社の開創などに中心的に関わり仏教書籍の出版に尽力した。雪爪と同じく、一宗一派一事業に留まらない大力量底の人と思っている。

安中尚史　発題

還俗して折伏を打ち出した田中智学

専門は近代の日本仏教史です。日蓮宗の枠組みから有名な人物をあげようと思いましたがなかなかいません。ただ明治維新期の神仏分離・廃仏毀釈の中で日蓮宗あるいは仏教界をいかに生き残らせるかと動いた一人に新居日薩がいます。

日蓮系まで広げると、やはり田中智学がいます。もともと日蓮宗僧侶でしたが、明治維新期の日蓮宗のあり方に疑義を唱えて還俗をして在家の立場で日蓮の教えや信仰を広げていこうとしました。

日蓮宗は他宗派に対して強く対峙する、いわゆる折伏という布教方法をいつの時代にも採っていたように思われがちです。日蓮は鎌倉時代の人ですから、そういう布教法が必要だったと思われますが、それ以降の日蓮宗は、どちらかと言えば摂受的に自分たちの教えを広げていく布教にだんだん変わっていきました。そうした中で明治時代になると田中智学は当時の日蓮宗の摂受的なあり方に疑問を持ち、還俗して折伏という布教スタイルをもって日蓮の教え、『法華

◆大内青巒（1845－1918）：曹洞宗居士。仏教界最初の新聞『明教新誌』（明治７年）を発行。『修証義』を編集。

◆新居日薩（1830－1888）：日蓮宗初代管長。仏教福祉の先駆となる「福田会」「育児院」創立。

◆田中智学（1861－1939）：国柱会創立者。「日蓮主義」は智学の造語。

◆宮澤賢治（1896－1933）：国柱会会員。盛岡農林高等学校（現岩手大学農学部）卒。「雨ニモマケズ」は特に有名。

経』の教えを広げる運動を展開しました。それが強烈だったので明治中期盤から後期にかけて、日本主義・国粋主義の考えを持つ人たちが共鳴するようになりました。智学自身が積極的にそうした人たちに対して働きかけたと言うよりは、逆にそういう考えを持った人たちが智学の教えをうまく利用していったと考えています。

そうした人たちがゆくゆくの第2次大戦に続く日本の動きに大きな影響を与えました。その間に惹起した二・二六事件（１９３６）などテロ的な行為に関わった人たちの頭の中に智学の考えが存在していきました。しかし世間一般で言われているような、智学の思想が、直接的にテロを実行した人たちに及ぼしてはいないと思います。何人かのフィルターを通して、結果的にそういう行動を起こした人に強く影響を与えたとは思っています。

もう一人、日蓮系では宮澤賢治があげられます。賢治は文学者として活躍し、智学とは正反対の立場に立っていたように思われます。実は賢治は智学を慕って門下に入ろうとしましたが、門前払いをされてしまいました。賢治は別の形で『法華経』や日蓮に接近して、自分の生き方や考え方を作品に表し、日蓮や『法華経』を世に知らしめた人物です。

この他に日蓮宗の中で有名な人物に石橋湛山がいます。近代と言うよりは現代に活躍した人物でしょうか。湛山が書いたり話したりして残したものの中に、直接日蓮や『法華経』あるいは仏教はあまりありません。しかし、文書や講演、行動の奥にあるものから日蓮や『法華経』の思想を掘り起こす作業が現在、行われようとしています。石橋湛山研究学会が没後40年にあたる平成25年（２０１３）に発足しています。どうしても湛山の政治や経済面が着目されていますが、そうした中で仏教的な思想を汲み取っていこうという動きが本格的に始まったばかりです。「小日本主義」が知られていますが、湛山が近現代日本に与えた影響と同時に、どれだけ仏教を内面化していたかはこれからの課題だと思います。

座談会

八宗兼学だった昔の学問

——各発題を受け、色々なことが提起されました。いまは学問が細分化されていますが、かつては八宗兼学のように他宗派についても学んでいた。そのあたりから進めたいと思います。

星野　戦後仏教が隘路に陥ったのは、自分のところの所依経典しか読まなくなったことだと思っていて、例えば私どもの総本山長谷寺ですが、真言宗では『理趣経』だとか、『大日経』だとかを学ぶ。でも本山にいけば『法華経』も読む。大乗仏教なら当たり前です。真言の考えからすると『自我偈（法華経如来寿量品）』は当然関連してくるのですが、大学では学ぶ機会が少ない。単位となる宗典講義とか弘法大師の著作を読ませるだけでせいいっぱい。だから、もう8年ぐらい大学にいてほしいという先生もいる。自分の宗派だけにこだわりすぎるというのは

◆佐藤哲英（1902－1984）：本願寺派。龍谷大学卒。著書に『天台大師の研究』など。

◆丸山照雄（1932－2011）：日蓮宗。立正大学中退。仏教の立場から社会問題に積極的に関わった。

◆野々村直太郎（1871－1946）：本願寺派。東大卒。龍大教授として中外日報に寄稿した論文が宗義に背くとして僧籍剥奪。

◆衛藤即応（1888－1958）：曹洞宗。駒大、京大卒業後、欧州留学。後に駒大学長。

どうなのでしょうか。

山崎　先日、こんなにことがありました。日本で亡くなった韓国人の方のお骨を本国にお返ししようということで所沢のお寺に行った。墓前で『般若心経』を読むことになり、ぼくは読みますがほかの真宗の人は読まない。真宗では、『般若心経』を読んでいいんですか、という雰囲気があります。大乗の空を否定したら、親鸞の浄土や念仏は成り立たないですよ。十万億土にユートピアがあるんだというようなことを言うけれども、親鸞はそんなことは説いていないと考えます。

星野　そうですか。総本山長谷寺の歴史をみると、学山として江戸時代には一千人ぐらい学んでいた。真宗や禅宗など他宗派の留学生も来ている。実証されているわけではないが、戦後の自宗派主義は、特殊なプロテスタントの影響があるのではないかと思っています。昔、南山大学にいたベルギー出身のヤン・ヴァン・ブラフトさんが、こんなキリスト教は世界中どこに行ってもありませんよ、と笑いながら言うんですよ。日本のキリスト教は非常にセクタリアン（宗派主義者＝自教団主義）だと。そういう影響を日本仏教も受けたのではないかと疑っているのですが。

佐久間　宗乗と余乗でいえば、宗門系大学は余乗、あるいは八宗兼学の伝統があり、内典・外典・宗乗・余乗の体系は、近世の学林・学寮からの伝統があります。ただそれが近代以降大学教育の中にそのまま引き継がれたかというと、履修の仕方が全く変わり、卒業に必要な自分の関心領域だけを学んでいるような気がします。

山崎　いまも宗乗、余乗と言いますか。

佐久間　言いませんね。宗学と仏教学あるいは宗教学。江戸期から明治までは宗乗と余乗があった。そこには信仰を基盤とした学問としての意味があった。あくまでも信仰と実践のための学びだった。

山崎　浄土真宗以外は余乗だと今でもいう人はいます。

佐久間　ただ、現在の学生さんは八宗兼学や広く仏典を渉猟するというようなことはないですね。江戸期の参学状況を『洞門政要』等で見ると、とてつもなく綿密で博覧です。

星野　真言宗の場合、教相と事相がある。事相の極みは即身成仏の達成なんです。事相は伝統を重んじ、それはいまも残っている。日本仏教全体として明治になって西欧の仏教学が入ってきて、伝統的な中国仏教中心主義では立ちゆかなくなった。密教に関してもインド密教との関係を探ることが有力な研究の一つになりました。ある著名な学者は、インドから密教を研究することが密教研究なんだと仰る。それに対して、いや、密教は空海によって確立されたのであってインド密教は関係ないという立場の方もいる。それは近代仏教学の大きな流れと関連していています。私どもの宗派では、権田雷斧という人が八宗兼学で伝統的な真言僧侶の最後の人。一方、管長をされた勝又俊教僧正は完全に近代仏教学で育った密教学者。彼の『弘法大師著作全集』はいまでも底本として用いられています。

◆木村泰賢（1881－1930）：曹洞宗。曹洞宗大学を経て東大へ。東大印哲講座の初代教授。

◆宇井伯寿（1882－1963）：曹洞宗。木村泰賢の急死により東大助教授となる。

◆西田幾多郎（1870－1945）：東大卒。京大教授。著書に『善の研究』など。

◆久松真一（1889－1980）：京大教授、花園大教授。西田哲学と禅から影響を受けた。

◆西谷啓治（1900－1990）：宗教哲学者。京大教授。

◆和辻哲郎（1889－1960）：倫理学者。京大と東大で教鞭を執る。

浄土真宗は、明治以降、『歎異抄』が出てくると、親鸞や真宗のイメージは変わったように思います。真言はそこまで行かないけれども、学問的にはインド密教やチベット密教が大きなインパクトを与えたと思います。

山崎　確かに真宗には『歎異抄』がありますが、根本的なのは浄土の問題。ぼくの学びからすると、親鸞は非常に誤解されてきている。誤解された親鸞が本願寺教団の定型となっているような気がします。浄土に対する認識ですが、ぼくはそんなお説教は出来ないけれども、例えば、「お浄土に生まれるのを楽しみにしそこで亡き人と再会する」という。浄土に生まれたい心が起こらないのはなんなのだろうか、自分は救われがたい、と言うのが親鸞さんの根本。それは『歎異抄』にも示されている。みんな、明日にでも浄土に生まれたいというような建前を伝統としてきた。ぼくはこうした浄土理解を点検すべきだと思っています。

八宗兼学で言えば、松原泰道老師がよく言っていたのが、山崎さん、『歎異抄』を読んで禅がわかったよ、という言葉。ちょっとすてきな泰道老師らしい言葉ですね。ぼくらが学生の頃、真宗学者は八宗兼学だった。富山県出身の高峯了州という先生は華厳の専門家で、図書館に行くといつも遅くまで華厳の書籍を読んでいた。佐藤哲英先生は天台の専門家で『法華経』を研究されていた。先輩学者はそれをやってきた。しかし次第に『浄土三部経』や親鸞の著述だけになってきた。

資格優先の傾向

星野　いまはどこもそうだと思います。これだけは読みなさいとなっています。そのためにお坊さんとしてのみずみずしさを失っているのではないかなと思うんです。

安中　日蓮宗では『法華三部経』ですが、日蓮はそれこそ経蔵にこもって『大蔵経』、全ての経典を読み、その中から『法華経』を唯一絶対のものと位置づけられました。戦前の大学カリキュラムをみると余乗はかなりの部分を占めていましたが、戦後になると『法華経』と日蓮遺文が中心となります。ほかの祖師と比べて遺文がたくさんあることも影響しているのかも知れませんが、日蓮遺文を教える時間が多めに割かれているのが実状です。

それから昭和16年（１９４１）、宗教団体法で各宗派の統合がおこります。日蓮系では、『法華経』の前半と後半両方とも重要だとする一致派、今の日蓮宗と、後半を重視する顕本法華宗や本門宗などの勝劣派のグループがあります。その立場が異なる宗派が合併し、合同で『宗定法要式』がつくられ、このマニュアルに基づいて法要儀礼が定められた。そういうことも影響して日蓮宗のなかで『法華経』至上主義がでてきたのかなと思います。いろんな要因が重なって今の日蓮宗や大学教育の中で、他の経典や宗教に触れる機会は少なくなっていますね。

星野　大学卒業単位が１２４単位として、一般教養30単位とか、そういう世界になると教える側がやりたいと思ってもできないところはあります。

◆秋山範二（1893－1980）：東大卒。滋賀大教授。道元研究者。

◆田辺元（1885－1962）：東大卒。京大教授。西田幾多郎と共に京都学派の基礎を築く。

◆橋田邦彦（1882－1945）：東大卒。『正法眼蔵』の研究家。東条内閣で文部大臣を務める。

◆西有穆山（1821－1910）：曹洞宗第７代管長。北海道の中央寺開山。

佐久間　曹洞宗でも『法華経』は重要な読誦経典ですが、曹洞宗の仏教専修科で、必修科目として位置づけられているかというと、そこまで重きを置かれてはいない。ただ主要な大乗経典は講義やゼミで講読しますが、積極的に学ぶ人は少ない。それどころか宗学の履修が4単位ばかりで、ほとんど宗学を学ばなくても住職資格が取れることになっています。いま宗門系大学では、『正法眼蔵』や『伝光録』など宗祖の聖典をあまり読まずに卒業してしまっている。『聖書』を読まない神父さんはいないわけで、宗侶が宗学から発想できないことは大問題だと思う。宗侶の質の低下の決定的要因のひとつだと思っています。

星野　どうしても資格取得が優先される傾向にあります。戦後の宗派意識というのが、かなり押しつけられ、枠にはめられて、この経典とされて、それ以外は読まなくていいんだとされてきた。どの教団も宗規や宗制などに、経典はこれとこれとこれだと書いてある。それを金科玉条のごとくにしているところがあります。他の経典を知らないことで、幅広い学習から生まれる柔軟性を欠いているのではないかなと思います。

山崎　浄土真宗では日蓮さんの評判が一番悪い。私は日蓮さんの応援団を自負していて、真宗の方は四箇格言（他宗批判）ばかりで判断してしまう。昔、丸山照雄さんが元気な頃、請われて親鸞と日蓮の手紙の比較をルーテル教会で話したことがあるんですよ。両祖師の遺文を読むとスタイルが全く違う。親鸞は愛想がない。すぐ本論に入る。日蓮さんは違う。「この寒さの中で綿入れがないと過ごせない」というような御礼から始まっている。身延にいましたから。

そうするとまた何かあげたくなるじゃないですか（笑い）。

安中　それは布教上のテクニックだと思います（笑い）。

山崎　そういうスタンスを持ちながら教相判釈がある。では、教団の内側が開かれているかと問えば、そうでもない。例えば、金子大栄は『浄土の観念』で、浄土はイデアなんだと書いて大谷大学を追われた（後に復帰）。曾我量深は法蔵菩薩＝阿頼耶識論等を発表して大学を去りましたが、のちに学長になりました。伝統的な学者から総スカンを食った。『浄土教批判』を書いた野々村直太郎事件というのがあって、「浄土往生というのは前世紀の遺物」と言って龍谷大学を追われる。しかし80年以上経ってもそれが検証されていない。そうした遺産を相続していない。問題意識を共有するだけでも戦後の真宗教団はずいぶん変わっただろう思います。

――異安心までは行きませんが、曹洞宗では衛藤即応の『宗祖としての道元禅師』が問題になった。

佐久間　衛藤即応先生は、大正末の3年間ドイツ留学を通して、キリスト教の組織神学の影響を受けています。仏教学の体系を、近代宗教学的視点から再構築し組織仏教を確立します。そうした視座から宗教としての道元禅師参究という意味で「宗学」という言葉を初めて使っておられる。スケールが大きすぎて時代がついていかなかったのではないか。宗学を勉強するために、まずドイツ語の宗教哲学書を原典で読み始めるわけです。近代宗教学や宗教哲学を下地に仏教学、真言・華厳・天台、唯識等の基礎学まで研究し宗学を構築した。

◆**岸沢惟安**（1865－1955）：曹洞宗。西有穆山に就いて得度。『正法眼蔵』の研究に尽くした。

◆**忽滑谷快天**（1867－1934）：曹洞宗。曹洞宗大学、慶應大学卒。英語による仏教書を執筆し、広く読まれた。

◆**岡田宜法**（1882－1961）：曹洞宗。駒澤大学第15代学長。

◆**石橋湛山**（1884－1973）：日蓮宗。早稲田大学卒。元首相。東洋経済新報社社長、立正大学学長などを歴任した。

◆**杉田日布**（1856－1930）：日蓮宗。身延山久遠寺81世法主。

同じ頃、木村泰賢先生や宇井伯寿先生が、お二人ともイギリスやドイツに留学して日本の仏教学印度学のリーダーとして活躍され、客観主義・合理主義的宗学に結びついていきます。さらには臨済の鈴木大拙、西田幾多郎、久松真一、西谷啓治、曹洞では宗外から和辻哲郎、秋山範二、田辺元、橋田邦彦、そして伝統宗学の学統、西有穆山、丘宗潭、岸沢惟安などの巨星がおられ、また実証研究の嚆矢としては忽滑谷快天、岡田宜法など、内外からの刺激を受けつつ、重層的複合的に近代宗学が構築されていきます。

僧侶の妻帯、早い段階で定着

——発題にもありましたが、明治5年（1872）の太政官布告133号「自今僧侶肉食妻帯蓄髪等可為勝手事」は僧侶の婚姻に道を開きました。これによって寺族、あるいは寺庭婦人が誕生した。このインパクトは近代仏教の中でも大きかったのではないか。

星野　あっという間に定着しましたね。明治期、真言宗が各派に分かれていって私どもは明治33年（1900）に真言宗豊山派を公称する。そして大正の初めにはもう仏教婦人会ができているんですね。そこから考えられるのは、周囲から認められるような下地があったのではないかと。

僧侶の妻帯は仏教界を骨抜きにするためという説もあるようですが…。

安中　骨抜き説もありますが、逆に仏教側が自分たちの立場を一段下げることによって、受け入れてもらえるだろうという意識もありました。

星野　社会的にね。

安中　出家主義を通すと庶民よりも一段高く見られます。それを自らが下げていこうとして、積極的に妻帯した人もいたようです。

星野　それは外圧というわけではない？

佐久間　そうです。鴻雪爪は、自分たちの現状を追認する形で、聖職者という一段高い立場から自ら降りて教導職となる。

安中　明治から大正期の史料をみていると、江戸時代に生まれた僧侶は正式には結婚していない人が多いです。それに対して明治生まれの方は正式に結婚されて、お子さんに自分の名字を継がせて僧侶にするという事例がよく出てきます。江戸時代生まれの僧侶は、籍に入れたかどうかは別にして、母親の名字を名乗らせたケースがあります。先ほどの石橋湛山がその典型です。湛山の父は杉田日布ですが、石橋姓は母親からです。

星野　父は在家の出身ですが、母親は佐渡のお寺の娘で、子どもの頃は家族旅行なんかありませんから夏に母の実家に預けられたりした。最近、そのお寺に屋根裏部屋があってそこに奥さんを置いていたことがわかった。聞くと、知らなかったのはぼくだけでした。そういう暗黙の了解があったと考えられる。

村落に真宗寺院があると、そこには坊守さんがいたわけで、まわりの寺院は違和感をもって

◆圭室文雄（1935－）：明治大学名誉教授。歴史学者（主に近世史）。

◆椎尾弁匡（1876－1971）：浄土宗。東大卒。共生運動の創始者。僧侶として初めて衆院議員となる。

◆無住一円（1226－1312）：臨済宗。『沙石集』の著者として知られる。

◆奈良康明（1929－2017）：曹洞宗。東大卒。元駒澤大学学長。

◆那須政隆（1894－1987）：真言宗智山派。密教学者。大正大学学長、智山派管長を歴任。

いたのか、それとも影響を受けていたのでしょうか。

安中 どうでしょう。私が見た日蓮宗の資料からは出てこないですね。

山崎 資料がないと言えないでしょう。ただ真宗寺院が影響を与えたというのはあまり考えられない。天台、真言、禅、法華等は真宗を地位が低いものとして見ていたところがあります。

星野 真宗を下に見るというのは、ぼくなんかは一度もない。確かに我々の時代ではそれはなくても、昔ならばそうだったのかも知れないなあ。

安中 明治大学名誉教授の圭室文雄先生は九州のお寺の出身ですね。

星野 熊本の曹洞宗寺院。

安中 はい。圭室先生は、真宗寺院の次男三男は、他宗派寺院のお坊さんに結構なっていたと話されていました。全ての地域というわけではないでしょうが、他宗派寺院への人材供給源になっていたようです。

「隠すは上人、せぬは仏」

星野 椎尾弁匡さんも真宗寺院生まれの浄土宗僧侶ですよ。

佐久間 ご存じの通り江戸期には寺請証文を作成して、宗門人別改帳に記載する行政権を住職が持っていました。証文を作成し戸籍に載せる権利を宗判権といいますが、この宗判権を振りかざすことによって、今で言えばセクハラやパワハラでしょうが、女性をお寺に住まわせて、洗濯女としたり、先ほど出ましたが屋根裏部屋に囲ったり、不義密通をせまったり、あるまじき行為がかなりの数あったことが近年の研究でわかっています。そうした江戸時代の状況があり、明治の太政官布告で公認され、堰を切ったように妻帯が進んだ。

星野　前史があった。

佐久間　そうです。初めて女性がお寺に入ってきたというわけではない。

星野　母の実家にあった屋根裏部屋に何十年も人が住んでいて知らないわけはないですね（一同笑い）。

山崎　無住一円ですか、「隠すは上人、せぬは仏」と。隠しているのはお上人さま。まったく関係を持たないのが仏さまだけ。妻帯の問題は、大乗仏教の一つの必然として明治になって生まれてきたと考えている。戒をどう考えるか。先日亡くなった奈良康明先生はよくこれを意識して仰っていた。昔、那須政隆先生が、「親鸞は先見の明のある人間だ」と。なぜかというと、妻帯のことなんですね。石田瑞麿先生は『女犯―聖の性』という本を書かれていますが、僧侶が女性とまじわりを持つことに一般の人はそれほど嫌悪していなかった、歴史的事実だと書いておられる。そうした流れの先に明治５年の太政官布告があると考えられないでしょうか。

星野　婚姻を世界的にみると、ユダヤ教のラビは坊さんではないけれども専門家で妻帯している。血縁相続する宗教者は多く、キリスト教が特別なのかなと。お寺の世襲制は檀家が反対すればすぐなくなると思うんです。ところが、実際には、「子どもが継ぐのはとんでもない、外

◆石田瑞麿（1917－1999）：東大卒。東海大教授。本願寺派寺院出身だが、僧籍は取得せず。

◆丘宗潭（1860－1921）：曹洞宗。駒澤大学学長。

◆宮崎奕保（1901－2008）：曹洞宗管長。大本山永平寺第78世貫首。生涯、独身を通した。

◆丹羽廉芳（1905－1993）：曹洞宗管長。大本山永平寺第77世貫首。東大卒。

◆大内兵衛（1888－1980）：経済学者。人民戦線事件の教授陣の一人として起訴された。

◆幸徳秋水（1871－1911）：明治の社会主義者。大逆事件の首謀者とされた。

から弟子をとれ」とはならない。むしろ息子が継ぐことで檀家がとても喜ぶ場合が多いみたいですね。

逆に清僧というのは、出家主義の曹洞宗にはいるんですか。

佐久間　聖道門を標榜していても出家仏教はほとんどなくなってしまいましたね。ほとんど結婚しています。10年ほど前に遷化された宮崎奕保禅師、13歳で出家して１０６歳まで長命でしたが、その宮崎禅師や丹羽廉芳禅師など故人しか思い当たりません。その点では、尼僧さんの多くは出家主義を通しておられます。

僧侶の妻帯によって、それまでの寺院の風景は一変しますが、寺院の近代化に大きく寄与したことは間違いないと思います。私の祖母も母も妻も、親しく檀家の皆様に応対し、心を通わせ、いまや住職と等しくなくてはならない存在です。

山崎　清僧という言葉自身が示すように、清僧思想がどこかにあるんでしょうね。

星野　東南アジアのお坊さんは、基本的には清僧で出家主義です。ただ出家主義も万能ではない。お坊さんに信者ができると何か物品をあげますよね。袈裟ぐらいならいいけれども、土地を寄進されて所有権がお坊さんに移ると、お坊さんのマネージャーみたいな人が悪さを働くケースがあるそうです。だから宗教裁判が少なくないと聞きました。理念はともかく、戒律を重視する上座部仏教もそんなにすっきりした世界ではなさそうです。

安中　日蓮宗ではありませんが、日蓮系の田中智学は日本で初めて仏教結婚式を制定しています。あくまでも在家仏教者の立場で定めたものですが、その他にも『仏教夫婦論』を発表するなど、人間の人生すべてに仏教が関わるべきだと主張しています。

戦争協力と戦争責任

――１５０年の間に日清・日露戦争、日中戦争、第二次大戦と戦前は大きな戦争を体験した。それに仏教者が協力し、１９９０年前後からいくつかの教団は戦争責任を表明した。なぜ仏教者は止められなかったのか。

星野　本願寺はこうしたことに熱心なのではないですか。

山崎　ダブルスタンダードです。

星野　それはどこも似たようなところがありますよ。

山崎　例えば、教団が脱原発の論者を招いて講演会をしても、脱原発を主張する僧侶たちはそれには関知していなかったりする。仏教者として原発推進は考えられないんですが、さまざまな配慮などから決して教団として明確な意志表明はしない。「本願寺にはいろんな人がいますからね」というわけです。本願寺はそんなにいろんな人の顔を見ているんですかと。親鸞（法）を見ていない（笑い）。福島の子どもたちに多量な甲状腺異常があっても関心が示されない。そんな仏教はどうなんだろうかと思いますね。

星野　戦前の国家主義というのはもの凄い力をもっている。だんだんそういう方向に進む以外にないとなってくる。林霊法について調べたときに、林は東大哲学を出てあまりにも仏教界が社会に無関心すぎるといって妹尾義郎の新興仏青（新興仏教青年同盟）に入る。妹尾は、理論派の林を重用する。捕まるのは、妹尾が引っ張られた後だった。当時の特高警察は無茶苦茶で、共産党員はほとんど拘束した。昭和12年（１９３７）に林は検挙される。それと同じ頃には大内兵衛などのリベラルな文化人が検挙された。最後、妹尾が転ぶんですが、それに林はがっかりした。林は、仏国土というのは平和のことなんだと言いまくる。戦後、妹尾は共産党員になったけれども、林はならなかった。天皇機関説もあって昭和10年代、もの凄い勢いで国家は国民を締め付けてくるわけです。

山崎　仏教者の一人として、こうした問題を考えるようになったのが20代の頃で、大逆事件なんです。当時、本願寺は親鸞６５０回遠忌（１９１１）で、全国をあげてお祭り騒ぎだった。参拝者を捌ききれないから、駅を一つ作ったほど（梅小路駅）。同じ頃に大逆事件が起きて24人が連座した。幸徳秋水は『平民新聞』で日露戦争に対して、「ああ増税」と嘆いた。秋水は日本人とロシア人が何人も死んでいる、国民が疲弊していると訴えた。けれども本願寺は戦勝万歳一辺倒でした。禅僧内山愚童は戦勝に対し、提灯行列をやめよと言った。社会主義者がいのちを大切にしろと言うのに対し、教団や仏教者はイケイケドンドンだった。そういう土壌とは何なんだろうというのが問題意識の始まりでした。

明治期の本願寺に明如門主（21代門主）がいた。廃仏毀釈の頃、政策を打ち出した。真俗二諦論です。「この世では天皇に忠節を尽くし、来世には極楽往生を遂げる」という趣旨です。

星野　なるほど。

山崎　そうやって国家に認められるようにした。それが念仏者の倫理だという意識がいまでも根底にあります。

星野　言葉は悪いけれども、悪気はなかったという世界ですね。

山崎　そう、悪気があったほうがまだ良かった（一同笑い）。

星野　椎尾弁匡さんは戦前の衆院議員を務めた人で、仏教界のリーダーだった。昭和18年（1943）、学徒出陣が神宮外苑で有名な行進がありました。それを各大学でもやった。その時に、大正大学学長だった椎尾さんはこう言ったそうです。〝大木は秋になったら葉っぱを散らす。それによって自らの幹を生き延びさせる。お前たちは葉っぱになれ！〟、それを聞いた人は、ひどいことを言うもんだと思ったそうです。非常に学識のある人なんだけれども、なんでそうなったのか。今になって思うのは、仏教が説くような普遍的な人間愛や人間のあり方ではなくて、一種の民族主義、日本主義を優先してしまう。

安中　日蓮の国家観、国土観というのが明治期の田中智学によって広く社会に発信されましたが、当時の時代背景でだいぶアレンジされて誇張してしまったところがあります。日蓮自身は、過激なことを言っているわけではないのに、過激な思想を持った国粋主義者たちによって第２次世界大戦まで、うまく利用されていた感があります。ただし、昭和10年代に日蓮遺文の

◆**内山愚童**（1874－1911）：曹洞宗。大逆事件に連座し刑死。平成５年（1993）に名誉回復。自坊は箱根の林泉寺。

◆**明如**（1850－1903）：西本願寺第21世法主。大谷光尊。

◆**高木顕明**（1864－1914）：大谷派。大逆事件に連座。教団は僧籍剥奪とした。1996年に名誉回復。自坊は新宮市の浄泉寺。

◆**峯尾節堂**（1885－1919）：臨済宗。大逆事件に連座。獄中で病死。

◆**遠藤誠**（1930－2002）：弁護士。仏教者。「内山愚童師を偲ぶ会」を主宰。

不敬事件があって、遺文中に神道を蔑むような文言があるとか、曼荼羅不敬事件では、日蓮の曼荼羅の中で天照大神を諸仏菩薩の最下位に書いていたり、八幡大菩薩についても神に菩薩の称号をつけて勧請していることなどが不敬だとされました。つまり、日蓮主義や国家主義がクローズアップされた半面、もう一方では日蓮の思想や曼荼羅は国家に反するとされ、両極端に位置づけてみられていました。当時の日蓮信仰を持つ人たちは混乱していたのではないかと思います。

佐久間　曹洞宗は1992年（平成4）、戦争責任に対する懺謝文を宗務総長名で表明しています。そこに戦争協力について述べていますので、ちょっと読みます。「われわれ曹洞宗は、明治以後、太平洋戦争終結までの間、東アジアを中心にしたアジア地域において、海外開教の美名のもと、時の政治権力のアジア支配の野望に荷担迎合し、アジア地域の人びとの人権を侵害してきた」「脱亜入欧のもと、アジアの人びととその文化を蔑視し、日本の国体と仏教への優越感から、日本の文化を強要し、民族の誇りと尊厳性を損なう行為を行ってきた」。時勢に迎合した流れはいかんともしがたく、皇民化運動、宣撫工作、日本仏教の強要などの荷担があった。その象徴的な出来事としては先ほどもあがった、幸徳秋水らと連座・処刑された大逆事件にかかる、箱根林泉寺住職内山愚童の宗内擯斥であろうと思う。

山崎　大逆事件では、愚童のほか大谷派の高木顕明、臨済宗の峯尾節堂が連座した。愚童は処刑され、二人は獄死した。高木顕明は獄死したが大谷派では平成に入って名誉が回復された。

愚童の顕彰については亡くなった弁護士の遠藤誠さんが一所懸命でした。

佐久間　平成5年（1993）、林泉寺住職の木村正壽さんによって愚童の名誉回復の嘆願書が提起され、初めて処分の取り消しと名誉の回復が宣言されました。実に80年以上の歳月を要しています。

当時の宗門は、愚童の徹底決定（けつじょう）した仏教者の良心に耳を傾けることなく、出版法違反と爆破物取締罰則違反の実刑7年が確定するやいち早く僧籍剥奪・宗内擯斥を行った。秘密出版と爆破物を預かっていたことが問われた。これで終わらず、大逆事件に連座した。宗門は国家体制に追随し、信仰の自由・平和を希求する良心をも放棄し、積極的に戦時体制に協力していきます。

山崎　先ほど遺文削除がでましたが、本願寺でも親鸞の言葉などが戦時中読めなかったものがあります。それは軍部が指摘してきたのではなくて、本願寺の学者が提起した。念仏弾圧事件のことを記した「主上臣下、法に背き義に違し」の「主上」が削除された。私は昭和37年（1962）に大学に入りますが、『教行信証』に「主上」の言葉がない。先生方は聖典拝読は一字一句間違えるなと言いながら、戦争が終わって17年間放置していた。

安中　日蓮の国家主義的なことについて、国家のために良いことを言っていると、自分の都合の良いように解釈していた人も中にはいたようです。そういう点では、時代の流れに便乗する僧侶たちがいたことは否めません。

佐久間　それからどうして仏教者が前に一歩出て反対できなかったのかを考えると、世法と仏法があって、仏法の中に逃げ込むことによって居心地がいいという側面がある。徒弟制度のもと、師匠が絶対、祖師が絶対、そして釈尊が絶対という修行の中では、ハイとイイエぐらいしか言えない。特に僧堂は。そうすると、自分で考え、判断するというトレーニングが疎かになる。だから、社会的な意志や考えが表面に出にくいところがあるのではないか。

星野　上海事変のときですか、爆弾三勇士は――。かれらは門徒の家族なんですが、それを取りあげて、仏教側がいかに国に貢献しているかというような議論をしているんです。なにしろ国家に認められたいという意識が、宗教的な意識よりも強い。

それだけ国家からの締め付けがあった。それは知らず知らずなのか。あの頃の人たちは、国家の役に立つことで、仏教の地位を高めようという人がほとんどで、今の時代から、あの人たちはおかしいと言うのは、ちょっと違うんじゃないかなと思うこともある。戦前の仏教は好戦的だというのはどうかなと思う。

山崎　いくつかの教団では戦争責任、戦争に対する反省というのが表明されていますが、いまそれが本気かどうかが問われている。集団的自衛権の行使容認や安保法制、武器輸出三原則の見直し、共謀罪――国家的に非常に危ない時期だとぼくは思っている。けれども、その教団がなんの意思表示もしないというのは、あの反省はたんなるポーズなのか、と思ってしまう。教団が非核宣言さえしない。

戦後仏教の展開と創価学会との関係

――話題のほとんどが戦前のことですが、戦後の仏教界や仏教者についてはいかがですか。

安中　戦後の日蓮宗は、創価学会あるいは日蓮系新宗教との関係や摩擦が大きな問題としてありました。戦中に創価学会創立者の牧口常三郎が投獄・獄死し、戦後、戸田城聖によって再建され、高度経済成長と共に伸長していきました。創価学会のみならず霊友会、立正佼成会などがある意味で既成教団を飲み込むような形で拡大を果たし、特に創価学会と日蓮宗は敵対する恰好になり、昭和20年代後半からは創価学会対策にエネルギーを費やしていき、自分たちのことが後回しになったところがあります。戦後の日蓮宗が失速した要因の一つだと思います。

星野　お寺にきて折伏するとか？

安中　そうです。

星野　末端寺院は困りますよね。私のところには全然来なかったなあ。

安中　それに対して日蓮宗は対応しますが、なかなか思うようにはならず、結果的に現場に任せるしかなく、住職や檀信徒たちは困ってしまいました。

星野　昨年（２０１７）、全日本仏教会が財団創立60周年式典をしましたが、その頃、豊山派では仏教婦人会や仏教青年会ができた。ある人が言うには、やはり当時、新宗教の台頭に危機感をもっていたのだと。もちろん民法が見直され、イエ制度が変わったこともある。創価学会

◆**牧口常三郎**（1871－1944）：創価学会初代会長。教育者。昭和５年（1930）に創価教育学会を創立。

◆**戸田城聖**（1900－1958）：創価学会２代会長。戦後の創価学会伸長の礎を築いた。

◆**高森顕徹**（1929－）：富山県出身。浄土真宗親鸞会会長。

◆**亀井勝一郎**（1907－1966）：文芸評論家。東大中退。著書に『親鸞』『聖徳太子』など。

◆**池田大作**（1928－）：創価学会３代会長。2010年５月以降、公の場に姿を現していない。

や霊友会系教団の台頭は、日蓮宗にとってはより身近な問題であったが、他の多くの宗派も危機感を持ったのは確かです。

山崎　若い頃、よく学会員が折伏に来ました。『法華経』の前経『無量義経』の成立などについていろいろ話しました。浄土真宗の新宗教で言うと、高岡にある親鸞会です。

星野　高森顕徹さん。

山崎　そう。当初は真宗の創価学会と言われるぐらい激烈。彼はもともと本願寺派僧侶でした。信仰理解上の違いから親鸞会をおこした。以前、東京の四谷で南無の会の辻説法をしていた時に、親鸞会の人が手を挙げてね。講演にならないから、終わってからにしようと1月の寒い時期に四谷駅で話した。私は親鸞会から教学理解が明確だとほめられたことがあります。当時、本願寺や僧侶は困っていた。そういう人がお寺に来たら教務所に電話して下さい、という文書が来た。なんで教務所に電話しなければならないのか、なんと情けないことなのかと思った。若い学生が私の寺を訪ねてくることもあった。高森先生の本だと言って持ってくると、ぼくも本を書いているからとあげたりした（一同笑い）。

あるとき脱会したいという青年が京都の本願寺の研究所に来たそうです。すると東京に山崎という人がいるから、そこに行きなさいと言われたようで電話をかけてきた。来週なら会えると応えたら、「先生、後生の問題に明日もありません！」というわけですよ（笑い）。恥ずかしくなりました。翌日、大学の研究室にきた。脱けようと思ったのは、宗教サークル同士の争いで、相手を潰せと言われて、それが嫌になった。しかし会の呪縛がとれなくて、やめたら大変な目に遭うのではないかと心配していました。

星野　いまは日蓮宗と創価学会との関係はどうなんですか？

安中　創価学会が日蓮宗の相手をしなくなったのではないでしょうか。公明党も政権与党ですから、日蓮宗には目も向けないのではと個人的に思っています。

山崎　文芸評論家の亀井勝一郎が将来日本は大変なことになると警告していたのが、創価学会が公明党を作った時でした。政治とは距離を置いた亀井勝一郎が、政教一致を心配して一度だけ書きました。最近、いろんなデモや集会に、三色旗をもった学会員が来て演説させて欲しいという。痛烈な公明党批判です。しかし池田大作さんを神格化したままなんですよね。私はそこが疑問なので、署名は断っています。

戦後を代表する仏教者とは？

――戦後を代表する仏教者は誰がいますか。

星野　……すぐには思いつかないな。

安中　先ほどの石橋湛山でしょうか。戦前から活躍していましたが、占領時代にいったん公職追放にあい、復帰を果たして内閣総理大臣にまでなりました。政治家湛山の中に仏教的な資質が見えにくいところがありますが、これからの課題でしょうか。

◆澤木興道（1880－1965）：曹洞宗。昭和を代表する禅僧。「宿無し興道」とも呼ばれた。

◆スティーブ・ジョブズ（1955－2011）：アップル社創業者の一人。曹洞宗僧侶・乙川弘文（1938－2002）に師事した。

◆ベアトリス・鈴木（1878－1939）：1911年鈴木大拙と結婚。大拙と共に『イースタン・ブディスト』創刊に尽力。

◆釈宗演（1860－1919）：臨済宗円覚寺派管長。セイロンに留学。

◆鈴木俊隆（1905－1971）：曹洞宗。サンフランシスコ禅センターを創設。

佐久間　曹洞宗……すぐには思いつきませんが、一人あえてあげれば、澤木興道老師。澤木老師の教えを受けて活躍している人が非常に多い。その意味では影響力があった。〝寺もたない、金もたない、かかあもたない、宿なし興道〟として活躍された澤木老師の、真の意味での出家仏教には畏敬と、郷愁すら覚えます。それから宗門から大反発を食うかも知れませんが、アップルコンピュータの創始者、スティーブ・ジョブズ氏。こういう方の存在は、宗門が宗門の自内証にとどまるのではなくて、現代の科学技術と東洋の伝統宗教が融合するという意味では象徴的な出来事ではあるなと思います。

星野　仏教の国際化は重要です。欧米におけるＺＥＮ、そして鈴木大拙の影響は絶大です。ベアトリス夫人のお陰だという人もいますが。彼によってＺＥＮはここまで受け入れられたと思います。

佐久間　鈴木大拙はもともと円覚寺の釈宗演に参禅していて、シカゴでの万国宗教会議（１８９３）では宗演の通訳として随行している。この万国宗教会議で西洋が仏教と出会い、科学と矛盾しないエンライトメント（目覚め）とエクスペリエンス（経験）の日本仏教が世界に認知されたことは大きな出来事です。

戦後には曹洞宗から鈴木俊隆や弟子丸泰仙が出ます。鈴木はアメリカで、弟子丸はヨーロッパでＺＥＮブームを起こしている。弟子丸は澤木老師の最後の弟子です。アメリカでは20年ほど前、鈴木俊隆学会が立ち上がっている。ただ欧米の人たちは禅と道元禅師は好きですが、曹洞宗は形骸化しているので嫌いですね（笑）。

星野　ＺＥＮにかぎらず、いまは海外で有名になってからの逆輸入も多い。

佐久間　いろんな形で逆輸入されています。エンゲージドブディズム、禅セラピー、マインドフルネスとか。これらはもともと日本仏教の中にあったものが、外国で評価されて入ってきて、それから日本でブームとなる。日本のお坊さんは何をしているかということになる（苦笑）。

国際化に関して言えば、１９９９年スタンフォード大学で道元禅師生誕８００年を記念して「道元禅師シンポジウム」が開かれ、２００７年フランス禅堂尼苑で曹洞宗ヨーロッパ国際布教40周年記念シンポジウム「仏教の普遍性」が開催されています。今年（２０１７）はその50周年法要が営まれました。ヨーロッパの場合、弟子丸泰仙老師がＺＥＮの種を蒔いて、それが育ってきているわけです。欧米において禅研究の新たな時代に入ったといえます。仏教学者カール・ビュルフェルト、文学者で環境活動家ゲイリー・スナイダー、詩人マイケル・マクルアなどが禅研究の新たな地平を開拓しています。

——今日の問題も出てきましたが、星野先生は教団行政のトップです。何が当面の課題でしょうか。

星野　過疎は大きな問題です。戦後民法で先祖供養のあり方は変化したけれども、日本人の心にはそれが残っている。しかし現実には人が減っていて、地方の場合には限界かなと思うこともある。地方寺院から何とかして欲しいと悲鳴に似た要望はありますが、貸付金を出すこと

◆弟子丸泰仙（1914－1982）：曹洞宗。ヨーロッパでZENを布教。

◆カール・ビュルフェルト（1941－）：仏教学者。鈴木俊隆のもとで参禅を始めた。『正法眼蔵』を英訳。

◆ゲイリー・スナイダー（1930－）：米国の詩人で環境活動家。仏教伝道文化賞受賞者。

◆マイケル・マクルア（1932－）：米国の詩人。道元禅に触発された詩がある。

で檀家が維持できたり、増えたりするのかというとそうはならない。なかなかの難問です。国家ですらどうにもならない。この人口減少は、宗教教団を変えることになるかも知れない。

佐久間　人体に例えるなら、毛細血管の隅々にまできちんと血液が回らなかったら健全な身体は維持できない。とにかく都市部だけ、人体なら心臓か、あるいは脳だけを守ろうとしているのが日本の国策みたいなところがあって毎日頭を抱えています。日本古来の、まがい物ではない洗練された文化が地域には根づいていた。そうした文化がいま途絶えようとしている。自坊は宮城ですが、過疎と少子高齢化でお嫁さん、お孫さんがいない。あと10年、20年経てばこの家は潰えてしまうだろうなという状況がもの凄く多い。家・お墓・仏壇を守る人がいない。そうなるとお寺も立ちゆかなくなるのではないかと思うんです。とても深刻です。

山崎　過疎はほんとうに言葉がないです。先日講演した広島のある島は、3万人いたところがいまでは8千人と言ってました。50年も前から判っていたのに、過疎対策などなにもやってませんね行政は。

星野　非常に悲観的な話をすると、副住職がいて勤めているわけです。正住職が亡くなっても継ぎたくないと言い出す。現金収入のある勤めを辞めなければならないから。

安中　自坊のまわりにも将来的に後継者の決まっていない寺院が多いですね。千葉県市川市で東京に近いわりに、土地も手頃なことから、地域によっては子どもの数が増えているので、寺院を維持する条件としては、比較的ととのっていると思います。しかし、そういう場所でも将来は不安定だと思います。

山崎　昔なら継ぐのが嫌だったら、継がなくてもいいと言えた。ほかにやってくれる人、くれそうな人がまだ周辺にいました。

安中　そうです。お弟子さんをとらなくなりましたから。明治時代から世襲制できましたけれども、それが厳しくなりました。宗門として婚活の企画をしていますが、成就するには時間がかかるのではないでしょうか。

星野　社会的にお見合いが機能しなくなっていますね。宗派が出会いの場を作っていますが、こちらが期待するほど順調にカップル誕生というわけにもいきませんね。やはり結婚までと言うのは時間がかかります。

安中　それでもお坊さんになりたい人は実際にいらっしゃいます。ただし師匠を見つけなければならず、その師匠のなり手がなかなかいない様子です。経済基盤がある寺院は、それなりに維持できますが。男女のお見合いだけでなく、住職と弟子予備軍とのマッチングが必要かもしれません。

――話題は尽きませんが、このあたりで終わりたいと思います。ありがとうございます。

（２０１７年12月12日）

第2部

鼎談

平成仏教・宗教30年史

宗教現象・社会活動・アカデミズムを検証

釈　徹宗
大谷　栄一
西出　勇志

天皇陛下（現上皇陛下）の退位発言を契機に特例法が制定され、平成は31年（2019）４月末で幕を閉じ５月１日から新元号となる。平成期の30年は何があったのかを検証するため、「平成仏教・宗教30年史」について宗教学者とジャーナリストの３氏に鼎談をして頂いた。主に、宗教文化や現象、社会活動と国際化、研究（アカデミズム）の３点を柱にしながら自由に語っていただいた。自然災害が相次ぎ、オウム真理教事件は宗教不審の現象をもたらした。９・11米国同時多発テロ事件以降はイスラームへの関心が高まった。そうした様々な場面で宗教は社会と深くコミットしていた。

（進行／構成　編集部）

釈　徹宗（しゃく・てっしゅう）／1961年大阪生まれ。相愛大学人文学部教授。浄土真宗本願寺派如来寺（池田市）住職。大阪府立大学大学院博士課程修了（宗教学専攻）。学術博士。著書に『法然親鸞 一遍』『落語に花咲く仏教』など多数。近著に『異教の隣人』。自坊で高齢者施設「むつみ庵」運営。

西出勇志（にしで・たけし）／1961年京都生まれ。共同通信社編集委員・論説委員。同志社大学卒。1985年共同通信社入社後、京都支局、長崎支局などに勤務。宗教取材を25年以上続け、2011年から「こころ欄」編集長。14年秋から18年春まで長崎支局長。共著に『アジア戦時留学生』など。

大谷栄一（おおたに・えいいち）／1968年東京生まれ。佛教大学社会学部教授。東洋大学大学院博士課程修了（宗教社会学、近代仏教専攻）。博士（社会学）。著書に『近代日本の日蓮主義運動』『近代仏教という視座』など。編著・共編著に『近代仏教スタディーズ』『ともに生きる仏教』など多数。

釈　徹宗　発題

現代人の宗教性　揺れた時代

平成期の宗教状況に触れる前に、まず前段階として宗教回帰現象がありました。社会学ではよく世俗化論が取り沙汰されてきたように、時代と共に宗教の力が弱まり表舞台から姿を消していくと考えられていました。しかしそれに反して現代人は宗教的なものを求め始めたわけです。欧米のニューエイジ、日本では精神世界などと呼ばれたりした。昭和後半からこの流れがあったが、１９９０年代のカルト宗教事件などによって崩れた。

そこで、なんと言っても平成７年（１９９５）のオウム真理教事件です。それ以前にも世界的にはカルト宗教事件は続発していました。宗教の怖さ、危うさを感じて現代人は宗教から撤退したように見えた。けれども現代人が求めている心性は底流していたようで、宗教という言葉を使わずスピリチュアルと称して宗教復興の様相を見せ始めた。２０００年代に入ると、ハーバーマス（ドイツの社会学者）が言ったように、ポスト世俗化時代という言葉が出てくるようになった。

ここでもう一つ考えたいのは、２００１年の米国同時多発テロ。これ以降、日本ではイスラーム情報が一気に増えます。それまではそれほど身近な宗教ではなかった。ですが、知ろうと

昭和の終わりと平成の始まり　昭和64年（1989）１月７日、昭和天皇が崩御した。そのニュースはたちまち国内外を駆けめぐった。山田恵諦天台座主（当時）は、追悼の言葉を発表し、昭和50年５月、両陛下が比叡山に行幸啓されたときの思い出を披露。陛下が「毎日御祈祷してもらって有難う」と話されたという。

昭和天皇が崩御した日の午後、新元号の「平成」が発表された。そして翌１月８日から平成時代となった。

する気運も高まり、過激派テロが起こるたびに情報が溢れた。一方で、実際にイスラム教徒が身近に暮らす状況があり、市民が肌で感じるようになった。この10年で日本に暮らすイスラム教徒は倍増しているそうです。カルト宗教とイスラームの波、この二つは平成期の現象として抑えておきたい。

平成23年（２０１１）3月11日の東日本大震災以降、ソーシャルキャピタル（社会関係資本）としての寺社という存在が注目されます。その少し前から神道、修験道、伝統仏教、伝統宗教に目を向ける傾向はありました。宗教から撤退した現代人は、スピリチュアルという表現に惹かれます。医療・福祉の領域でもスピリチュアルという用語が使われるようになった。宗教という言葉を避けたり、伝統宗教なら安心、といった意識があるのでしょう。伊勢神宮の式年遷宮もありましたね。伝統宗教に目を向けていくさなかに東日本大震災が起きて、社会関係資本としての寺院、神社のあり方が再評価されるようになった。

そして仏教界では、一気に寺院運営の課題が浮上した。言い換えると宗教者や宗教施設の公共性をどう考えるのか。これが目下の仏教界の課題です。というのも寺院運営を考えると個別化・超宗派傾向が強くなります。そうすると宗派仏教という日本仏教の特徴が揺れているわけです。とにかく、この30年は、現代日本人の宗教性の持っていきどころが揺れた時代といえます。宗教回帰や精神世界から入り、カルト宗教が起こり、スピリチュアリズムがあり、伝統宗教に目が向けられ、イスラームの人たちが身近にいる。自分たちの宗教が揺れ、人々の宗教性が揺れた時代。そんな印象があります。

大谷栄一　発題

新たなモデルなき「ポストの時代」

平成が終わるにあたり改めて考えてみました。妥当かどうかはおきますが、「ポストの時代」と考えることができると思っています。昭和から平成へと改元する時に私は大学生でした。１９８０年代末は、まさにポストモダンの思想が流行した時代で、近代的なものに対する批判が強まった。平成に入りポスト冷戦、ポスト戦後社会というような言い方がされて、これまでの世界秩序や日本自体が大きく変貌したのがこの30年間ではなかったかと考えています。

日本に関して言うと、１９９１年にバブル経済が破綻して、失われた20年という時代が来ます。経済は低迷して政治的にも社会的にも大きな変化が訪れました。その結果、新しい社会モデルや生き方が示されずに、日本社会全体に閉塞感が漂った時代ではなかったかという実感があります。

宗教について言うと、ポスト世俗化、あるいはポスト世俗主義の時代であるとも考えられます。１９６０年代までは近代化が進むと社会における宗教の居場所がどんどん縮小していくと推測された。ところがそうではなかった。宗教回帰、宗教復興の象徴として１９７９年のイラ

パソコン研修　平成に入って間もない平成元年２月、全国曹洞宗青年会がパソコン研修を開催した（仏教タイムス２月15日号）。現在はパソコンやスマートフォンが日常業務には欠かせない。平成と共に新技術が寺院運営に導入されたといえるだろう。

ン革命がよく言われます。要するに１９８０年代以降、宗教復興現象が世界的にも注目された。イスラームの台頭、米国におけるキリスト教福音派の伸長などもそうです。世界的には宗教が再活性化し、一方で先進国では宗教離れとか、教団離れ、教会離れが起こった。宗教の再聖化と世俗化の同時進行です。つまり「ポストの時代」というのは、古いモデルから脱しようという指向性がある半面、それを超える新たなモデルを見いだせないこと。「自分探し」とよく言われますが、世界中が「自分たち探し」をしているような状態です。要するに自分たちのアイデンティティをどこに求めるのか。冷戦以前であれば、政治的イデオロギーでした。ポスト冷戦になると、宗教が非常に重要な役割を果たすようになったけれども試行錯誤が続いているように思います。

平成を象徴する出来事としては、１９９５年の阪神淡路大震災とオウム真理教の地下鉄サリン事件、２００１年の米国同時多発テロ、２０１１年の東日本大震災。個人的にはオウムの地下鉄サリン事件は衝撃的でした。当時は大学院生で宗教社会学の研究を始めたばかり。オウム真理教が危険ではないかと言われていたけれども、宗教団体が無差別テロを起こすとは、おそらく多くの宗教研究者は想定していなかった。それが現実に起きてどう理解するかと考えても考えても明確な答えが出てこない。以降、宗教に対する社会のイメージがかなり悪くなっていきます。宗教研究にも大きなインパクトを与え、それまでは共感的・内在的な姿勢でのアプローチがありましたが、事件以降、批判的なスタンスをとりながらの、いわゆるカルト研究が始まっていくようになります。

西出勇志　発題

二重構造の超宗教と超宗派

キーワードから先に示すと「超宗派」「超宗教」です。超宗派・超宗教は、基本的に二層あると思っています。一つの層は教団や団体など大きな組織を主体とした上からの超宗派。もう一つの層は、有志をベースとした個人レベルの下からの超宗派。平成の30年間にはだいたいこの二つの流れがあります。

前史から見ていくと、カトリックのヨハネ・パウロ２世の存在はとても大きい。イタリアのアッシジで世界平和の祈りの集いが１９８６年にありました。そこに２５３世山田恵諦天台座主が参加され、その精神が翌年の比叡山宗教サミットに継承された。それ以降、東西で毎年世界平和祈りの集いが続いている。超宗派の動きを考える上で、山田恵諦座主の存在も大きかろうと思うわけです。

世界宗教者平和会議（ＷＣＲＰ）が始まったのは１９７０年。その後の世界の超宗派連携をみた時、この存在は非常に大きい。特に１９９４年のＷＣＲＰイタリア大会は大変興味深いものでした。司教たちが集まるシノドスホールにヨハネ・パウロ２世が世界の宗教者たちを招き

曹洞宗『修証義』100年　明治生まれの“読誦経典”である『修証義』は道元禅師の主著である『正法眼蔵』を中心にまとめられ、大内青巒の編纂の『洞上在家修証義』を両大本山禅師が修正の手を加えてから明治23年（1890）12月に公布された。100年後の平成２年（1990）、曹洞宗は各地で記念行事を開催した。

『修証義』は５章31節で構成され、日常的に読誦されている。教化面では有効性が高く評価されたものの、この年の宗学大会では宗学者から疑問も提起された。

入れたからです。〝バチカンにムスリムが入った〟と現地新聞では衝撃を持ったような報道がありました。ヨハネ・パウロ2世はその後も和解の旅をしていく。世界の諸宗教とつながろうという気運の一つとして、子ども問題というイシューに特化して２０００年に創設された妙智會教団のＧＮＲＣ（子どものための宗教者ネットワーク）の動きも注目すべきでしょう。また9・11後、正しいイスラーム理解を促したのもこうしたグループでした。

もう一つの層は、個人・有志レベルの動きです。より社会と関係を持ちたいという思いを持った若い宗教者人たちが自発的にいろいろな活動をしていく。インターネット寺院の「彼岸寺」やフリーマガジンの『フリースタイルな僧侶たち』などもそうです。「未来の住職塾」では、少子高齢化や過疎化に直面した若手の住職たちが、どうやって寺院を経営していけばいいのだろうかと思いや悩みを共有しながらも、アイデアを出して連携して活動するようになった。のみならず、そもそも寺院とはどのような存在なのか、僧侶とは、住職とは……といった根本的な問いについて超宗派で議論するようになった。ＳＮＳの発達によって、活動と発信が一体になって連携の輪が大きくなっていく。

有志レベルでの連携が爆発的に加速したのはもちろん、東日本大震災です。災害ボランティアや臨床宗教師、臨床仏教師も宗派を超えて社会の中で活動し、大きなうねりになっている。個々の有志的集まりが出てきて、それが有機的に結びつき、宗派や教団とは関係ないところで社会活動をしている。

1995年のオウム真理教事件と2011年の東日本大震災は2大画期。オウム事件によって宗教に対する忌避感が生まれた。被災地は仏教文化や宗教文化が色濃い地域で、僧侶や神職に地元の人は敬意を持っている。同時に僧侶たちの活動が評価されマスメディアも着目し始めた。それによって宗教に対する潮目が変わったと思っています。

鼎談

オウム真理教事件から宗教の公共性へ

――この30年史を振り返ると3氏とも平成7年（1995）3月のオウム真理教の事件が大きい出来事だと指摘されました。事件前の1月には阪神淡路大震災が発生した。一年のうちに大災害と大事件という二つの現象が起きた。

釈　阪神淡路大震災で各教団が社会貢献に目覚めた。この年はボランティア元年です。東日本大震災の時にいち早く各教団が動けたのは、阪神淡路以降の蓄積があったから。例えばお寺はメンバーシップ（檀信徒）で運営されているのでメンバー内の取り組みには一所懸命。それが阪神淡路大震災に遭遇し、メンバー外にも目を向けるようになった。当時はまだまだ稚拙だったし、神戸という都市だったこともあり、宗教者の活動が高く評価されたり、取り上げられ

教団の戦争責任①　平成3年（1991）1月、イラクがクウェートに侵攻して湾岸戦争が勃発。米国を中心に多国籍軍とイラクとの戦闘となった。宗教界では難民支援などに着手した。2月、浄土真宗本願寺派の宗会は、平和を願って決議を採択。その中では、第2次世界大戦で「戦争に協力」し、「教学的にも真俗二諦論を巧に利用」したことを明記。公的な場で戦争責任を明らかにした。

るケースはそれほどありませんでした。その後の中越地震や能登半島地震などで蓄積ができて東日本大震災で動くことができた。西出さんが話されたように伝統教団が高く評価されるようにもなった。寺院がソーシャルキャピタルとして公共性を示し得たからだと思います。

大谷　宗教の公共性ですが、オウム真理教事件もまた宗教の社会的役割や公共性とは何かが問い直される機会になったと思うんです。また２００８年に施行された公益法人改革関連３法が議論される中で、宗教法人の公益性や公共性がテーマにのぼりました。つまり阪神淡路大震災、オウム真理教事件があって、２０００年代初頭の公益法人見直しが取り沙汰されてから公益性・公共性が問題にされるようになった。それが今も続いていると思います。

西出　明治から続いた公益法人制度の改革議論が始まったのは平成14年（２００２）から。日本宗教連盟や全日本仏教会、新宗連（新日本宗教団体連合会）が財団法人から公益財団法人へと移行を模索する中でシンポや研修会がたびたび開かれました。それまでは税金をどうするのかといった、どちらかというと不特定多数の公益と言うよりも教団益や団体益を考えた研修が多かった。それが公益法人制度改革議論で、宗教団体として公益性について話し合わなければいけないね、という気運が盛り上がったのは事実ですが、とってつけたような感じは否めなかったですね（苦笑）。

釈　東日本大震災前年の２０１０年は伝統仏教批判の年だったんですよ。その前年の09年あたりから生まれる人よりも亡くなる人が上回った。この頃「終活」という言葉も生まれ、２０

１０年には流行語大賞に選ばれた。日本の場合、お葬式に２００万円くらいかかり、世界の平均からみても突出していた。なぜ高額なのか。葬式・戒名・お墓だということで、伝統仏教が批判を浴びた。それが大震災後には手のひらを返したように変わる。寺院が公共性を示したからであって、社会が求めているのは公共性かとお坊さんも気が付いた。

――オウム真理教事件後、宗教法人法改正がありました。また１９９５年は終戦50年でもありましたので、各教団とも戦争責任に言及したり、平和メッセージを発表した。

釈　その辺は大谷さんにぜひうかがいたいテーマですね。ぼくが大学院生の頃は近代仏教の研究は数えるほどしかなかった。

大谷　戦争責任の問題ですが、宗教情報センターのサイトで研究員の藤山みどりさんによる「宗教界の歴史認識～戦争責任表明とその後」で、教団がどのようにして戦争責任を告白してきたかをまとめています。日本では、日本基督教団が１９６７年に教団として初めて戦争責任を表明するんですが、その後はなかなか出てこなかった。それが戦後50年あたりにカトリックをはじめ仏教各宗派が戦争責任であるとか、不戦決議を表明していく。戦争責任を含めて戦時中の日本仏教教団が何をしてきたのかという研究は、先駆的なものはいくつかありますが、なかなかできなかった。それは第二次大戦（アジア太平洋戦争）がまだ歴史化していなくて、センシティブな問題でした。それが少しずつ歴史化され研究されるようになった。皇道仏教研究は従来ほとんどできなかったけれども、最近ようやく研究が進んできた。

教団の戦争責任②　戦争協力に対して本格的な懺悔を表明したのは日本基督教団が嚆矢である（1967年３月26日）。仏教教団では真宗大谷派が昭和62年（1987）４月２日、全戦没者追弔法会に際して宗務総長名で戦争責任を告白。この年は日中戦争から50年。その一節。「わが宗門は戦争を〈聖戦〉と呼び『靖国神社ニ祀ラレタル英霊ハ皇運扶翼ノ大業ニ奉仕セシ方々ナレバ菩薩ノ大業ヲ行ジタルモノト仰ガル』と言ったのであります。そのこと自体が深い無明であり、厚顔無恥でありました」

西出　結局、当事者が存命だと言いにくいというのはあります。ジャーナリズムの世界をみていても、戦後70年になってようやく表に出てきたというのがあるんです。作戦を立案した人たちは鬼籍に入っていますが、前線の兵士たちが語り出す。ＮＨＫ特集「告白～満蒙開拓団の女たち」では、性接待というとてもつらい経験をした当事者が語りだした。死ぬ前に語り残しておこうということです。

戦争責任の背景に反戦僧侶らの復権

大谷　戦争責任で興味深いのは、戦後50年が関係すると思いますが、大逆事件に連座した曹洞宗の内山愚童や真宗大谷派の高木顕明が教団の中で復権していることです。大谷派の竹中彰元のように戦時中に反戦的な言動をしたり、高木顕明のように戦争や部落差別に反対した僧侶が注目されてきたのは戦争責任との関連ではないかと個人的に思っています。

西出　仏教教団は組織として、門主や管長、総長を頂点とする序列がある。大学における理事長、学長、教員、学生という関係です。その中で先輩たちの行為に対して、ああだこうだとは言いにくい。でも、語っていこうという姿勢は大事だと思います。お坊さんは長命の方が多いので、ぜひ当時の様子を語り残して欲しいですね。

釈　でも現状では難しいかもしれません。大きい教団であればなおさら。色んな立場の人がいますので、それぞれに配慮すると、結局何も言わない状態になる。専門家の研究が蓄積されていけば、やがて教団として表明する機会が来るのではないか。

西出　宗門や教団の付置研究所ではどうなんですか。

釈　熱心に取り組んでいる人がいると、部会や研究会が盛んになりますが、持続力が弱い印象がありますね。例えば、教団執行部が代わると、構成が変わったりして途切れたりする。非常に重要な案件は継続するという姿勢を教団はもってほしい。

大谷　戦争責任に関連して、反戦・平和運動についてお話ししたい。この30年、グローバルに見ると戦争が相次いだ時代なんですね。１９９１年の湾岸戦争、２００１年の米国同時多発テロを契機としたアフガン紛争、03年のイラク戦争があります。また冷戦後のボスニア・ヘルツェゴビナ紛争や最近のシリア内戦やＩＳなど。そうした中で宗教者が自衛隊派遣に反対するとか、有事法制に反対するといった活動は地道ですが、行われている。例えば、９・11後に、平和を実現するキリスト者ネット、アーユス仏教国際協力ネットワーク、日本山妙法寺などが東京で平和を祈念する宗教者の集いを開催し、02年に平和をつくり出す宗教者ネットができ、イラク戦争後の05年に宗教者九条の和ができる。

これらは、教団中枢部というよりは、草の根的な宗教者のネットワークで行われています。宗教者九条の和には管長クラスの人もいますが、実働部隊は草の根レベルの宗教者たちです。いまも毎月、国会前で誓願運動を継続している。最近では２０１５年の安全保障関連法案に反対する市民運動が盛り上がりますが、それにも宗教者が積極的に関わった。宗教者の平和運動

教団の戦争責任③　曹洞宗は平成４年（1992）11月、宗務総長名で「懺謝文」を発表。かつて出版した『曹洞宗海外開教伝道史』が過去の反省を欠いた内容であり、同誌の回収にあたり発表された。その一節。「釈尊の法脈を嗣受することを信仰の帰趨とするわが宗門が、アジアの他の民族を侵略する戦争を聖戦として肯定し、積極的な協力を行った」

がマスメディアで取り上げられることはないかもしれませんが、この30年、地道に行われているという印象を持っています。

西出　しばしば新聞に戦争責任はあるのかという問題が提起されます。自分たちの戦争責任をマスメディアは、どれだけ自分自身のこととして考えているのか、ということです。おそらく戦争が終わった後は、被害者だという感覚が強かったと思うんですよ。「やらされた」という意識ですね。

釈　それは仏教界も同じだと思います。被害者意識ですね。それに国家に尽くそうという時代でしたから。

西出　そう、新聞も軍部や政府に責められて、やらされたという感覚が強いから、新聞の戦争責任を痛感していた人は、幹部クラスには少なかったと思います。新聞社を辞めて戦争反対の言論活動を展開したむのたけじ（本名・武野武治）さんのような人は例外でしょう。

宗教界、仏教界も同様で、宗教団体法の下、大日本戦時宗教報国会に組織されて、無理やりやらされた、利用されたという意識があるのだと思いますね。戦争協力をしたと言うよりも、国家にねじ伏せられた被害者という意識が強いため、戦争責任について言いにくいところがあるのでしょう。

ニーズマターとミッションマター

釈　ええ。ただ、僧侶やお寺の取り組みには、ニーズマターとミッションマターの二つがあります。両輪をうまく回さないといけないのですが、社会や世代を対象に取り組んでいくニーズマターだけでは、本来あるべき宗教性が毀損されたりする。だから、時代やニーズがどうあろうと、ミッションマターをけっして手放してはいけない。戦時中は、やはりミッションマターを見失ったところがあって、そこには後ろめたさがある。お寺のミッションについては、今日でも常に問われる課題ですね。

――それぞれの発題に関して意見をお願いします。

西出　釈さんが提示された精神世界の流れは、平成を語る上では重要だと思います。シャーリー・マクレーンの『アウト・オン・ア・リム』が日本で出版されたのは昭和の時代で、精神世界への関心が高まる機会となる一冊です。精神世界ブームはオウム事件でポシャりますが、翌96年に日本トランスパーソナル学会が設立される。トランスパーソナルは、個は大切にしつつ全体とのつながりを重視する思想です。教団という組織は嫌いだけど、精神性に惹かれる人たちがいた。トランスパーソナル学会設立のと同じ年に、日本で初めての大規模な精神世界の祭典、フィリ・フェスティバルも開かれました。

釈　大谷さんが仰ったように、ある意味で「ポスト」と重なる。つまり平成に入ると、大きな物語が崩れていくんですね。良い学校・大学、良い会社に入ることができれば幸せ、みたいな文脈に誰も乗れなくなった。一方で安くて、便利で、早ければ幸せ、というようなものにリ

教団の戦争責任④　浄土宗は平成20年（2008）11月、宗務総長名で「浄土宗平和アピール」を発表。「本宗の近代において、軍用機を陸海軍に献納するなど、様々な戦争協力の事実は否定することができません」「わたしたちは、自らの愚かさを自覚したうえで、戦争責任について自省し、アジア太平洋地域の人々の人権と尊厳を侵し、戦争による惨禍と多大なる犠牲を強いたことを、ここに深く懺悔します」と表明。

アリティは感じない。いま抱えている自分の苦しみ悩みを何とかしたい。それには瞑想であったり、非日常メソッドによって心の充実や癒しを求めていく。

それから1990年代前半、生命倫理の問題がありました。伊丹十三監督作品の『大病人』という映画もその頃です（1993年公開）。三國連太郎が末期の患者で津川雅彦が担当医。スピリチュアリティ全開の映画で、当時の日本の宗教的感性がよく出ている。入院した三國連太郎を先輩患者が連れ出してある部屋をそっと覗かせたら、全身を管につながれた患者が横たわっていた。〝あの男はずっとあのままだ、俺はその前に死にたい〟と話す場面がある。延命が幸せかどうかが提起されていた時代です。つまり、いのちに対して自己決定しなければいけないと社会から突きつけられたのです。そうなると自分自身の生命観や死生観を持たないといけない。するとスピリチュアルなものに関心が集まった。

大谷　医療現場でのスピリチュアルなものを考えた時に、スピリチュアルケアやビハーラは大事な要素だと思います。1992年に長岡西病院にビハーラ病棟が開設されターミナルケアが注目されて、ターミナルケアに対する取り組みも本格化していきます。東北大学の高橋原さんの研究によると、心のケアが注目されるのは阪神淡路大震災以降なのですが、1980年代半ばからがん告知に関して心のケアが言われていました。急速に浸透するのは阪神淡路大震災以降で、それが東日本大震災以降も続いている。心のケアに宗教者が取り組むことが注目され、その中でスピリチュアルケアの問題が出てくると言っています。高橋さんは、「宗教と臨床の

（再）接近」という言い方をしている。臨床というのも大きなキーワードになるのではないか。社会参加と臨床は、現場に仏教者や教団がアクセスし活動することです。臨床は患者のプライベート空間でもあるのですが、医療や福祉の公共の場でケアを行うという側面も持つ。こうした臨床がこの30年の間にみられるようになった。

釈　みんなが触れたオウム真理教については、もっと話さなければならないテーマだと思うのです。ただ、どの切り口で語ればいいのかという悩ましさはありますよね。一応、仏教教団を標榜していましたから、仏教者にとっても非常に重要な問題ではあるはず。しかし、なかなか向きあうことができなかった。理由の一つは、オウム自体、教義を後付けみたいに積んでいったこと。密教も後付け。きちんと受戒したわけでもなく、教相判釈があるわけでもない。上座部、大乗、東アジアのどの仏教としても成り立たない。

死刑執行によって改めて問いかけられる

大谷　昨年（２０１８）７月６日に麻原彰晃死刑囚はじめ６人、20日後に７人の教団幹部が死刑執行されて、改めてオウム真理教がわれわれに問いかけたものは何であったかが提起されたと思うんです。釈さんがオウムには色んな要素が含まれていると指摘されました。仏教のみならず、ヒンドゥ教、スピリチュアリティ、サブカルチャーの要素もある。

釈　そうなんです。いわばオウムは自分たちの行為を正当化するように、パッチワークにし

教団の戦争責任⑤　臨済宗妙心寺派は9.11米国同時多発テロが契機となった。特徴的なのは、平成13年（2001）９月から10月にかけて宗議会の宣言文、総長談話、宗務所長会決議文と連動して発表されたことだ。宗議会の宣言文の一節。「戦時の高揚した国民感情の中で、我が宗門が砥柱のごとく反戦を貫くことが出来得ず協力して来たことに対し誠に遺憾に思うものであります。まずこの過去の過ちに対する懺悔と反省の上に立って（以下略）」

ているものだから体系が機能しない。宗教が長い時間をかけて鍛錬に鍛練を重ねて体系化してきているのは、こっちに行き過ぎると危ない、あっちに行き過ぎると危ないとバランスをとってきたから。ところがつまみ食いしちゃうと、それが機能しない。

西出　麻原自身のカリスマ性も無視できない。

釈　それは大きいと思います。盲学校時代に麻原彰晃こと松本智津夫は人を支配する快感に目覚めたとされる。側近によると、魅力ある人物ではあるものの他人への共感がないような、最近で言うところのサイコパスのような人だったと裁判で証言している人もいる。人への共感がなかったら自分以外はクズに見えてしまう。支配だけが快感になる。ここに麻原＝松本の特異性がある。それに閉鎖した共同体の中でやっているものですから、その理屈に幹部連中がついていき、盛り上げた。歯止めがない。

宗教はときには社会とバッティングする。狂気も持っている。社会と違う価値を持っているからこそ宗教の存在意義がある。しかし社会と向き合い続けながらの存在でなければならないのに、閉じちゃうと、あっさり社会のほうを否定する側に回ってしまう。それも宗教の陥穽のように思いますね。

大谷　オウム真理教に関する数多い書籍の中で忘れられない本があって、それは村上春樹さんが１９９７年に出した『アンダーグラウンド』（講談社）なんです。地下鉄サリン事件の被害者へのインタビュー集です。なぜインタビュー集なんだろうと思って手に取って読んだら、わわれわれはどうしても何人被害にあったとか数字しかみない。けれども被害を受けた人たちはそれぞれに苦しい体験をされている。村上春樹さんはこんなことを言っている。

〈それ（ジャンクの物語）がオウム真理教＝「あちら側」の差し出す物語だ。馬鹿げている、とあなたは言うかもしれない。たしかに馬鹿げているだろう。実際の話、私たちの多くは麻原の差し出す荒唐無稽なジャンクの物語をあざ笑ったものだ。そのような物語を作り出した麻原をあざ笑い、そのような物語に惹かれていく信者たちをあざ笑った。後味の悪い笑いではあるが、少なくとも笑い飛ばすことができた。それはまあそれでいい。／しかしそれに対して、「こちら側」の私たちはいったいどんな有効な物語を持ち出すことができるだろう？〉

先ほど釈さんから、大きな物語が失効した時代が現代なんだという話がありました。大きな物語ではなく、色々な小さな物語が乱立している状態だと思うんです。その中で、例えば仏教者や仏教教団が、われわれに対してどんな物語を提供してくれるのだろうかと思わざるを得ない。

西出　私も釈さんもオウム世代にくくられます。私は宗教的なことに関心がありつつ俗な人間なので、オウム真理教に近寄りやすいタイプに分類されると思います（苦笑）。出家まではしなくても、シンパになっていてもおかしくなかったという思いもあって他人ごとではない。京都支局時代、麻原の講演会をのぞきに行ったし、「朝まで生テレビ」に麻原が出てきても正直嫌な感じはなかったんですよ。

大谷　実は、大学時代の知り合いの女性がオウム真理教に入っているんです。いまどうして

教団の戦争責任⑥　このほかにもいくつかの教団で出されている。戦争責任とまではいえないが、昭和13年（1938）創設の立正佼成会は戦後50年の平成７年（1995）８月「平和への決意」を発表。「大戦当時、創立して間もない私どもの教団は、生きとし生けるものの『いのち』の尊重を願う法華経を所依としながらも、いまだその力至らざるため、大戦へと突き進む時代の流れに抗し、これを阻むことが出来ませんでした」と述べている。

いるか、気になっています。彼女はオウムの提示した物語に惹かれたわけですが、それに対して、「こちら側」はどういった物語を提示できるのかという問題が今でもある。他方で、教えとは別に神秘体験の要素が大きいと指摘する研究者もいる。スピリチュアリティと神秘体験はある面で親和性があって結びついている。仏教体験として、時には坐禅をしたり、プチ修行をしたりとか、身体性が流行っている。それは今に始まったことではないが、オウムの身体性に惹かれた若者は多かったと思います。

西出　身体に受ける影響を軽んじてはいけない。オウム的なことをバカにするけれども、実際に触れられて痛みがとれたり、光を感じて気持ちが高揚したり、修行によって浮遊する感覚を得たりすることで「信」が生まれる。その場にカリスマ的存在がいれば、その力だと思ってのめり込んでも不思議ではない。

釈　オウムの出家主義も人を惹きつける要因でした。日本の仏教は、特に戦後、在家主義・世俗主義の傾向が強い。新宗教も伝統仏教もみなそうです。高度成長期を過ぎたあたりに、社会から離れたオウムの出家主義がどんと来る。そこに魅力を感じた人もいただろうと思うんです。近代というのはキリスト教のプロテスタンティズムの影響が強い。努力主義で世俗第一主義。それにプロテスタンティズムはちょっと身体性が低いんですよ。カトリックのほうが儀礼性や身体性が高い。人間は不便な社会に生きていると身体性が必要でしょう。一昔前の夜は暗くて、夜道を歩くには全身のセンサーを使って歩かないといけない。そういう社会は身体性が要求される。

ところが身体性が低くても暮らせる社会、便利な社会になると現代人は枯れてきた身体的なものを求める。そこにピタッときた。もともとオウムはヨガ教室から始まり、出家主義を採り入れ、暴走しはじめると密教を採り入れたりと後付けではあるけれども、宗教教団の異形性という強烈な魅力があった。世俗に飼い慣らされた仏教には対抗する物語も魅力もなかった。

世俗化への批判

大谷　日本仏教の在家主義や現世主義は近代以降、ずっと起こってきた現象だと考えていて、それに対してオウムの持つ出家主義、ある意味での反社会性が、日本仏教へのカウンターカルチャーとして若者たちに新鮮に映った。應典院の秋田光彦さんと話したとき、オウム信者が、「日本のお寺は風景だった」と言ったのに対して秋田さんは奮起してアクティブな活動を始めた。要するに、あまりにも日常的すぎる仏教のあり方に対して、非日常的な宗教に魅力を感じ惹きつけられた。

西出　日本仏教への世俗化批判は強くありましたね。荒俣宏さんたちが東西のオカルト思想を紹介した『世界神秘学事典』（平河出版社、1981）、中沢新一さんが『虹の階梯』（平河出版社、1981）とか『チベットのモーツァルト』（せりか書房、1983）を書いて、NHKスペシャルの『チベット死者の書』（1993）が好評を得た。既成の伝統仏教にはない魅力に

1995年考①大震災　平成7年（1995）は年初から年末まで慌ただしい年であった。1月の阪神淡路大震災は後の東日本大震災が発生するまでは戦後最大の自然災害であった。多くの寺院が被災したが、一方で青年宗教者を中核としたボランティアが相次いだ。この経験は後の災害で活かされたと言っていい。

影響を受けた若者は多かった。こうした時代背景の下、オウムがパーリ語仏典の翻訳に取り組むなど、原始経典などから自分たちに正統性があると言おうとしたのは間違いない。そこには彼らがつくろうとした物語がある。

釈　社会から問いを突きつけられた伝統仏教は、次第にそのことを自覚し始め、その応答の一つとして公共的な活動へと動き出した面がある。振り返ってみると、近代知性みたいなもので宗教を扱ってきたために、宗教が持っている生き生きとした語りや生命力がダメになったところもある。宗教は、社会とは別の価値を提示してこそ人を救えるのであって、例えば、神であるとか、来世とか前世など、これらは社会では取り扱い得ない領域であり、そのための言語も持っている。ところが社会に埋没するとこれらの語りが廃れてしまう。

キリスト教でもここのところは悩んでいて、ナラティブ・テオロジー（物語神学）も生まれた。もう一度宗教の生き生きとした語りを取り戻そう、奇跡を語っていこう、神を語っていこうと。それまでは、そういう語りは現代人に理解されないし、共感を得られないだろうと気にしていた。日本仏教も同じです。もう一度自分たちの本質的な語りを取り戻さないといけない。臨床宗教師が看取りの現場に向きあって、果たして死を超えた語りができ得るのか。このあたりが仏教界浮沈のカギかもしれない。

アニメがリアルな世界に

大谷　釈さんのお話に共感するところは多いのですが、難しいと思うところもあります。インターネットの普及はこの30年で一気に進みました。ネット社会となり、「私の物語」はあっても、「私たちの物語」ができ得るのか。と言うのは、あまりにも情報が簡単に消費されてしまう。宗教情報リテラシーという言い方をしますが、宗教情報を読み解く能力が必要になっていくけれども、それができるかどうかが問題になると思うんです。

國學院大學日本文化研究所と「宗教と社会」学会のプロジェクトが行った大学生・短大生に対して行った宗教意識調査の中で、「死後の世界はあると思いますか」という質問に対して、約半数が「信じる」「ありうると思う」と答える。ではそれはどんなものかと訊くと、はっきりとはわからないと思う。私も分かりませんが。ですから死後の世界を知りたいという欲求はあるけれども、それに対して仏教教団はどう答えるかが問われているんだろうと思うんです。

釈　そう、その点ではアニメやゲームの方がずっとリアルな世界なんですよ（笑い）。

大谷　そう、そう（笑い）。

釈　若い世代は、私たちなんかよりも宗教的感性は豊かなんですよ。われわれの上の世代は、無宗教こそ知性の証みたいなところがあったけれども、今の若い人たちはそうではない。そして、若い人たちの宗教的センスを育てているのはゲームやアニメであって、クリエイターたちもそれが分かっている。ごくチープな恋愛物語も、「生まれ変わり」という要素を盛り込むだけで奥行きが出てくるので意識的に宗教性を入れ込んでいますよね。そんな茫漠とした宗教ビジ

1995年考②オウム事件　３月にはオウム真理教による地下鉄サリン事件が発生。それまで震災一色だったニュースは、オウム真理教に一変した。出家制度や武力化、国家に擬した組織体制なども話題になった。教祖逮捕後、長い裁判となり、平成30年（2018）７月、幹部13人の死刑が執行された。

ョンがあると思いますね。

大谷　確かに、宗教的な物語はゲームやアニメを通じて普及している側面があります。

西出　１９９５年に『新世紀エヴァンゲリオン』のアニメが放送されます。カラオケに行くと、主題歌の「残酷な天使のテーゼ」があって、いまだに歌われる曲の上位にある。「エヴァンゲリオン」には宗教に関係する難解な言葉がちりばめられていて、物語として深みもあった。若い人たちの感性に影響を与え続けていると思います。

リテラシーの件ですが、向上させるのはとても困難なことだなと最近特に感じています。これは宗教の世界に限らない。例えば、歴史をどうみるかを考えた時に、歴史学、実証史学では、薄紙を一枚一枚置いて検証するような研究であり、こうしたアカデミズムの成果が尊重されていました。そんな時間をかけた丁寧な研究が、ネット上の威勢のよい言葉によって、一気に蹴散らされてしまう時代です。自分の心情に合っていて威勢のよい言葉を寄せ集めて歴史観を作ってしまう傾向が、非常に強くなっている。その手の本がまた売れる。こういう状況でリテラシーを磨くというのは容易ではない。ネット情報を等価にみる最近の風潮を考えれば、どちらをとるかは個人の嗜好の問題になってしまいますから。

釈　いずれにしても、次から次へとくる宗教情報をただ消費するだけでは足腰は弱い。一歩間違えると、「日本は神仏習合の独特の信仰を保持してきた」というような偏狭な物語にコミットしてしまう。そのあたりは、リアルに私たちの日常生活の中にある宗教、すなわち他者の宗教性や他者の信仰に目をこらすことが肝要です。他者の信仰を尊重するためにも、自分はどういう宗教風土で暮らしているのかというのを知る。そういうリアルなすり合わせというか、折り合いみたいなものを同時に考えていかないといけない。

この30年で葬儀が激変

――近年、何かと話題の葬儀についてはいかがでしょうか。葬送評論家の碑文谷創さんはこの30年で激変したと言ってます。

西出　「イエ」が失われる社会に移行した時、葬儀やお墓のありようも変化していかざるをえない。それを如実に反映してきたのがこの30年だったと思います。ＮＰＯ法人葬送の自由をすすめる会が１９９１年に登場し、個人の意思による自然葬、つまり散骨の流れが出てきた。散骨や樹木葬、永代供養墓といった新たな葬送のかたちの取材の中で聞いた言葉は決まって「子どもに迷惑をかけたくない」。こうした感覚は、イエ制度の崩壊と対になっているように思います。

昨年のエンディング産業展でいくつかの宇宙葬を見ましたが、その中の一つに遺灰を入れたバルーンが成層圏で破裂し、散骨されるというものがありました。故人を偲ぶ際は空全体に向かって手を合わせるかたちです。

ただ、将来は分かりませんが、拝む具体的な対象がないのは、日本人にとって適した葬法なのかどうか。葬送の究極といえる島田裕巳さんの「ゼロ葬」は反発をかなり買いました。何も残

1995年考③宗教法人法改正　オウム真理教事件を契機に宗教法人法が見直されることになった。信教の自由・政教分離を侵すとして宗教界の反発は強かった。同年末に成立し、宗教法人法に規定されている備付書類（写し）の所轄庁への提出が義務づけられた。

らないのは困るとの感覚は日本人には強いのでしょう。自然散骨が行われる隠岐諸島の無人島、カズラ島（島根県海士町）では、島そのものが墓標という考え方で、対岸の礼拝所から島に向かって手を合わせる。こういう形は、〝中間方式〟として気持ちにフィットするような気がします。

釈　葬儀はもともと地域の様式にのっかっていた。私の学生時代ぐらいまでは同じ関西でも地域によって、ずいぶん様式が異なっていた。これが、住宅事情や家族形態の変化で、葬儀会館で行うようになった。すると、あっという間に日本中で画一化した。変わりだしたのはバブル経済の時代だったように感じます。

葬儀を仕切る葬祭業者が、だんだんと遺族のケアまでするようになった。地域の様式にのっかっていた葬儀は、必ずしも仏教の教えや宗派の思想で成り立っていたわけでないため、画一化すると拠って立つところがない。さらに僧侶も簡略化の方向へとやすやすと乗っかっていった。そうなると、個人が自らの葬儀をデザインするとか、時には葬儀自体をしないということになっていった。

大谷　葬儀は地域の様式にのっかっているとの指摘ですが、別の言い方をすると寺檀制度を支えてきたイエ制度にものっかってきた。イエや家族はそれ自体が物語であり、その物語がだんだん縮んできている。「家族の私」ではなく、「私の家族」というような「家族の個人化」が起こっているのではないか。そうした中で、いわゆる「疑似家族」をつくって一緒にお墓に入るあり方がある。個人化や多元化というように家族のあり方が社会的に変わり、葬儀や墓にも反映している。

釈　社会の最小単位は家族ですから、家族の形が変われば社会も変化する。現在は核家族も危うくなってきた。地域によっては半数近くが独居という社会です。無縁社会という言葉も出てきた。映画『おくりびと』（２００８年公開）でもそんなムードがあった。この映画に特徴的だったのは宗教者がほとんど登場せず、葬祭業者がおくる役目を担うということ。２００８年以降の状況を示唆する作品でした。

「布施の目安」とサービス化

西出　疑似家族と言えば、社会学者の井上治代さんが理事長を務めるＮＰＯ法人エンディングセンターの「桜葬」が思い起こされます。墓友（はかとも）はそこから出てきた。イエ制度に縛られていた人たち、特に女性を中心に個と個がつながる「ゆるやかな共同性」のネットワークが形成され、死に関して自律的な態度が表明されるようになった。これは新たな市民運動のかたちであり展開でしょう。

葬儀の画一化については、全日本仏教会の抗議によって、葬祭事業に参入してきたイオンが取り下げた「布施の目安」問題が象徴している。消費者からすると、サービスの価格がはっきりしていた方がいいと感じる気持ちは分からなくはない。サービスではないという仏教界のロジックは、いかに説明しようとも現在の日本社会で納得を得られるかどうか。社会的にはそう

米国同時多発テロとイラク侵攻　2001年９月11日に発生した米国同時多発テロは、その後の世界を変えた。米国は、アルカーイダの犯行だとして10月、アフガニスタンを空爆した。報復攻撃に宗教界から自制を求める声明などが出た。同年11月開催予定だったアジア宗教者平和会議（ACRP）は延期となった。

した流れがある。

釈　お布施明示が社会問題化するずっと以前から料金表を出している本山クラスの寺院もありました。そこに建前と内実の乖離もあるとは思いますが。

西出　社員の親族やＯＢ、ＯＧが亡くなると、今でも会社に通知が掲示されますが、ほとんどが通夜・葬儀は親族で済ませたと出る。昔は皆でいくら包むとか、お通夜に行くかどうかと話したりしていましたが、そういう文化はなくなりました。

釈　葬儀はイエとムラが基盤でしたから、両方ともなくなれば、当然最小限で済ますことになっていく。僧侶にしても寺にしても葬儀という「点」でなく、亡くなる前から死について考えたり、亡くなった後も遺族と関係を結んで供養したりと、できれば「線」で関わりたいと思っている。一方で、葬儀のときしか必要ないと考える人もいる。

葬祭業者をはじめ福祉関係者などいろいろな人が死の問題に携わるようになり、グリーフケアや居場所づくりに関わろうとする風潮が高まっているけれども、まだ僧侶がうまく入れていない。これからに注目です。

大谷　戦後ずっと「葬式仏教」と揶揄されてきた寺院や僧侶が死の現場から遠ざかっているのは皮肉な現象です。知り合いの浄土宗僧侶はお寺での葬儀式マニュアルを作成し、檀家全戸に配布している。お寺で葬儀を行うことの意義を広く社会に伝え直すことが必要なのではないか。

西出　亡父は熱心な門徒だったため、菩提寺の住職と親しくしていた。亡くなった時には、住職が故人をよく知るだけに温かな葬儀だったし、遺族へのフォローもしてもらいました。ただ、さらに驚いたのは葬儀社スタッフの心づかい。目を見張るものがありました。

釈　東京工業大の上田紀行教授（文化人類学）の母が末期の時に、友人の僧侶が病室で何度も真剣に法話を繰り返したそうです。母親はクリスチャンだったが、上田先生はこの僧侶に葬儀をしてほしいと心から思ったそうです。

西出　実は私、その葬儀に参列しました。とてもいい葬儀でした。

釈　東日本大震災をきっかけに、もう一度葬儀を見直そうという気運が生まれた。震災当初、火葬が間に合わず、いったん土葬したことに「かわいそう」との声が上がった。かつて土葬の時代もあったのに、今では違和感がある。死者儀礼には急な変更がそぐわないということがよく表れた出来事でした。

西出　土葬のムスリム墓地に行ったことがあります。法律的に土葬は認められているけれども、条例によってほとんどの場所は不可であるため、ムスリム墓地は全国でも数えるほどしかない。在日ムスリムがますます増える中、宗教的多様性を担保するための葬送問題は今後、非常に重要なテーマになるでしょう。

女性の進出と伝統仏教

――話題を替えて、女性の社会進出が言われています。少数ですが、最近では男社会だった

東日本大震災①SNS　平成23年（2011）３月11日に発生した大震災と津波により、多くの人命が犠牲になった。宗教界、特に青年宗教者たちの支援は早かった。SNSを駆使し避難場所と必要な物資に関する情報を共有しあった。阪神淡路大震災とは違った初動であった。

宗会・宗議会に女性が加わるようになった。またお寺には寺族や寺庭と呼ばれる女性がいます。

大谷　この件では紹介したい本があります。曹洞宗寺族で名古屋工業大の川橋範子教授（宗教学）の『妻帯仏教の民族誌』（人文書院、２０１２）。真宗を除く近現代の日本仏教は虚偽の出家主義であり、妻帯をめぐる戒律や教義の問題についてきちんと説明していないと指摘した。真宗以外で妻帯が始まったのは明治以降。昨年は明治維新から１５０年にあたりますが、妻帯に関してどの宗派も問題にはしてきたものの、明確な回答がいまだない印象があります。川橋さんは性別役割が固定化し、性差別も見られるとして、男性中心主義的な仏教界のあり方に問題提起をしている。

さらに１９９６年に「女性と仏教・東海ネットワーク」が、翌年に「女性と仏教・関東ネットワーク」が発足し、超宗派の女性でつくるグループがジェンダー平等的に現代仏教を改革することを目的に活動していることや、真宗大谷派の坊守問題、日蓮宗女性教師の会設立、曹洞宗寺族問題に関する公聴会などの女性による教団改革運動を紹介している。女性や寺族をどう考えるかは、今後の仏教界にとって重要な課題ではないか。

釈　日本のお寺は家族で運営しているのが大半という独特な事情がある。寺族の協力がなければ立ち行かない。また家族で暮らすことで、寺内にプライベート空間があるという特殊事情もある。この特殊事情は里坊の形態と考えられないか。いったん山に入って出家者生活を送り、その後、里に下りて里坊で暮らすというのは、近代以前からやっていたことです。この形態が今の寺になっていった。現代の僧侶も一時期だけ山に籠もって出家生活をして、それから里に戻る。それが主流となっている。

大谷　中村生雄先生（1946〜2010、民俗学）が近代以降の日本仏教について、日本仏教の真宗化と言いました。つまり、在家主義化です。近代仏教研究の立場から言えば、在家主義には妻帯の問題が常に付随します。そもそも出家・在家とは何か、さらには戒律とは何かが問われている。仏教界は世間に理解できるように説明する必要があるのではないでしょうか。海外の人に妻帯する日本仏教の特殊性をどう説明していいか分からないというのが正直なところなんです。

釈　真宗は在家主義で、坊守の存在も明確。出家主義の宗派であれば、一緒に暮らしはするが、籍は入れないという人もいらっしゃる。「寺庭婦人」という独特な言葉も生み出された。隠語で「大黒（だいこく）」と言うところもある。いずれにしても現実に存在する寺族をどう位置づけるかは、各宗派の取り組むべき課題ですが、むしろ日本仏教の特性として積極的に意味づけしていった方がいいのではないか。実際、相談事を住職ではなく配偶者である寺族や坊守に持ちかける人は多い。本来の仏教から見れば外れた形かもしれないが、家族で寺を運営する良さがあります。

西出　少子化の波は仏教界も逃れようがなく、子どもが一人、さらに女性だけというお寺も多い。知り合いの曹洞宗のある女性は、別の仕事をしていたけれど、父親や周囲から継いでほしいと言われて故郷に戻り、住職になった。また弟子をとったけれども、結果的には娘さんが

東日本大震災②大遠忌　この年、浄土宗では宗祖法然上人800回大遠忌、浄土真宗では宗祖親鸞聖人750回大遠忌にあたっていた。京都の浄土宗総本山知恩院は記念法要を秋に延期。大谷派（東本願寺）は第1期を中止し、翌月の第2期から開催。本願寺派（西本願寺）は華美にならないよう配慮して予定通り4月から行った。

住職を継いだところもあります。

釈　確かにその傾向はありますね。たとえば、子どもが女の子ばかりだと、かつてはお婿さんを迎えて住職をやってもらう形がスタンダードだったんですが、娘さんが住職を継いで、お連れ合いは普通に会社勤めをしたり。

西出　女性住職が普通な時代になっていけばいいと思う。

釈　ええ、女性僧侶が活躍してしかるべきでしょう。統計を見ると、女性僧侶の人数は少なくないですからね。本願寺派では、女性僧侶の会を有志が立ち上げ、２０１１年の親鸞聖人７５０回大遠忌に本山で女性だけで法要を営んだ。今までにないことでした。世界の仏教に目を向けると、台湾と韓国で女性僧侶が大変活躍している。特に社会活動に積極的です。日本仏教の将来を考える上でモデルになると思います。

西出　神社界はこの30年で女性神職の数は倍以上、約３５００人になりました。神職全体の2割弱です。戦後間もない時期から女性に神職の道は開かれていましたが、仏教界同様、一人娘がお宮を継いで宮司になるケースも増えています。

大谷　伝統仏教教団でも女性教師の比率が高まっており、真宗大谷派のように１９９６年に宗務機関の中に女性室が設けられた宗派もある。しかし、各宗派の宗政や活動に女性の声や活動がどれだけ反映されているのかが、外部からはわからない。各宗派の機関の要職は依然として男性中心ではないでしょうか。

若手僧侶の社会進出と社会活動

西出　少し話題は変わりますが、平成最後の10年ぐらいは、女性教師を含めた若手僧侶たちの活躍が目立ちました。仏教界はシニア層が厚くて、60〜70歳代でまだ若手という雰囲気がある。年齢を重ねてた僧侶が醸し出す「ありがたさ」は大切なものだけれども、分厚くて元気なシニア層の存在が、若手が活躍するフィールドを狭くしていたのは間違いない。それが大きく変わったのは東日本大震災です。教団を超えてＳＮＳでつながってボランティアなどで活躍する姿が見られるようになった。もっとも若手僧侶の社会進出への機運は、それ以前の「仏教ルネッサンス塾」から出てきた「ボーズ・ビー・アンビシャス」などの影響があるのではと思います。現在の流れをつくった功績でいえばインターネット寺院「彼岸寺」の影響も大きい。災害支援などの社会貢献的な運動、寺院経営の観点から動きだした「未来の住職塾」、さらに寺社フェスの「向源」のような仏教ショーケース的な方向へも広がり、多彩化している。

大谷　小川有閑さん（大正大学地域構想研究所・ＢＳＲ推進センター主幹研究員）が２０００年以降の仏教界の動向を、発信系と実践系の２つに分けて紹介しています。発信系がインターネットの「彼岸寺」やフリーペーパーの『フリースタイルな僧侶たち』、「向源」、悩み相談サイト「ｈａｓｕｎｏｈａ（ハスノハ）」、テレビ番組「ぶっちゃけ寺」。もう一方の実践系が路上生活者支援の「ひとさじの会」、貧困問題に取り組む「おてらおやつクラブ」、東日本大震災を

東日本大震災③災害協定　被災地では津波で流されたりした寺院が少なくなかった。他方、被害を免れた寺院や神社などの宗教施設は、被災者の避難場所となった。宗教者の役割と共に災害時の宗教施設のあり方が注目されるようになった。こうした体験は自治体と災害協定を結ぶ契機となった。

きっかけに生まれた臨床宗教師が挙げられています。さらに滋賀教区浄土宗青年会の「おうみ米一升運動」、「自死・自殺に向き合う僧侶の会」、「いのち臨床仏教者の会」なども加えることができるでしょう。これらは、超宗派の若手僧侶が担っていると指摘しています。

西出　こうした超宗派の若手僧侶たちは、先に述べたような社会貢献と寺院運営の新しいかたちの追求、ショーケースが別々に存在するのではなく、それぞれがどこかでつながっている。各地での若い人たちの頑張りは、将来への希望になります。

釈　こういう仏教ニューウエーブを応援したいと思っていますし、教学的にもバックアップしたい。

大谷　仏教者の社会活動に関しては、上田紀行さんの『がんばれ仏教！』（ＮＨＫ出版、２００４）で紹介された臨済宗妙心寺派神宮寺（長野県松本市）の高橋卓志さん、浄土宗應典院（大阪市天王寺区）の秋田光彦さんなどの活動があります。こうした上の世代に刺激を受けた若手僧侶が多い。特に発信系・実践系の両面をもつ應典院をモデルに展開された活動も多いのではないでしょうか。

西出　「呼吸するお寺」を掲げて20年以上活動してきた應典院の影響力は確かに大きい。先駆的であり続けると同時に、新しい試みをきちんと積み上げて活動を定着させてきた点がすごいですね。

釈　その人たちはニューウエーブ第一世代ですね。特に應典院は寺院の可能性を拡大しました。

西出　臨床宗教師の存在も忘れてはなりません。死への暗闇へと降りていく際の道標となるのが宗教者の仕事だと言った故岡部健医師が「臨床宗教師」を構想しました。東日本大震災を契機に活動が始まりましたが、次のフェーズに入ってきている。死が迫る人に対して道標になりえるかどうかはこれからにかかっている。

大谷　臨床宗教師や臨床仏教師、スピリチュアルケア師など臨床現場に携わる宗教者は増えていますが、社会にどれほど受け入れられるかが気になるところです。多数のメディアに取り上げられ、認知度は高まっているとは思いますが、まだ医療や福祉の現場に宗教者が来ることに慣れている人は少ないと思います。

釈　いずれの取り組みも、基本的には現場での特定の宗教性を抑制するわけで、では「宗教者ならではの取り組みとは何か」という蓄積が必要でしょうね。

西出　臨床宗教師研修でユニークな点は、養成機関が増え、研修の方法も変化していっていることでしょう。実情に合わせて改良する柔軟さは重要だと思います。就職先の確保を含めて、社会的認知度がさらに高まる活動が出てくるような方向で進めばと思う。北海道から九州まで、伝統仏教から神道、キリスト教、天理教、立正佼成会など超宗派の人たちがいるので、宗教の公共性担保という観点から臨床宗教師の活動は一つのモデルケースであり、今後の活動を期待して見ていきたい。

東日本大震災④原発事故　東電福島第一原発事故の後遺症はいまも続いている。避難指示が解除された地域と放射線量が高い帰宅困難区域には約50カ寺（仏教タイムス調べ）が存在。もともとのお寺とは別の場所に拠点を構えたり、移転した寺院もある。寺院家族がバラバラになっているケースもあり、さまざまな問題を残している。

臨床宗教師は新しいモデル

大谷　臨床宗教師は平成に起こった出来事から出てきた宗教者の新しいモデルです。その面では先駆者ですので、今後の展開に注目したい。

西出　臨床宗教師養成と関連するのですが、アカデミシャンと宗教の関わりについても、平成最後期に大きな動きがありました。東日本大震災をきっかけに宗教者災害支援連絡会（宗援連）が発足しましたが、情報交換を主にしたこの連絡会において、宗教研究者が宗教者同士や市民活動家などを結びつける中心的な役割を果したと言えます。震災以降、アカデミシャンのあり方はずいぶん変化し、フィールドに調査に入っていくと同時に、実践的な活動を現地で展開しながら研究内容を社会に還元していく「アクション・リサーチ」の手法が目立つようになりました。

もう一つ、アカデミズムで注目したいのはリテラシーの分野での展開です。異文化理解のために欠かせない宗教知識を、中学校、高校の教師や実社会に出ていく大学生らに身につけてもらうための認定資格「宗教文化士」が２０１１年に始まりました。多様化が進む日本社会において宗教文化教育を推進し、広くリテラシーを向上させていこうとする取り組みは、平成という時代の要請かもしれません。

釈　コルモス（現代における宗教の役割研究会）は、長く取材されてきたんですか。コルモスは、アカデミズムと宗教者との共同会議という性格があります。

西出　教団付置研究所懇話会のような学術性、研究者と宗教者による社会活動の現場レベルでの集まりのような実質性はあまりないように思いますね。教団トップを中心とした社交場の色合いが強いように感じています。

釈　そうですか。ところで、宗教学者は、何百年続いた教団も、つい最近できた教団もパラレルに見ていこうとする学術的態度があった。相対化して評価する。ところがオウム真理教事件以降、足下をすくわれた感があった。そこで宗教研究者も自分自身が問われるのではないかと。宗教というのは、対象を観察するだけでは読み解けない領域があって、自分自身はどうなんだという宗教研究者のマインドが試されるようになった。その傾向が、西出さんの指摘されたこととつながっていくのかなと。

西出　狭い意味での宗教研究者ではありませんが、ジャーナリストの藤田庄市さんの活動には頭が下がるし、注目もしています。オウム真理教事件前から教団を取材していたけれども、凶悪犯罪を引き起こす教団と教祖の問題を見抜けなかったという後悔があった。そこからスピリチュアル・アビューズ（霊的虐待）という観点からもう一度宗教を捉え直そうとした。自分自身に問いかけながらの藤田さんの作業は凄いと思います。

大谷　先に述べましたが、確かにオウム真理教事件が宗教研究に与えた影響は非常に大きい。少し自分の話をさせて頂きます。「宗教の社会貢献」研究の話になりますが、２００６年に「宗

変化する葬儀　平成期の30年余は葬儀や埋葬が一気に変化した。昭和末や平成初期はロッカー式墓地があったが、間もなく非継承型の集合（合同）墓や樹木葬が生まれた。一時期は戒名（法名）の“価格”が問題になったりもした。最近はネットによる僧侶派遣が話題となっている。全体的に葬儀・法事の縮小化傾向が続いている。

教と社会」学会のプロジェクトとして、大阪大学の稲場圭信さんと國學院大学の藤本頼生さんと私で始めました。きっかけはやはりオウム事件で、宗教があまりにもマイナスの側面ばかりが強調されていた。私の宗教学の授業を受ける大学生の宗教イメージも悪かった。オウム事件の後遺症を引きずりながらも、宗教の持つポジティブな面を全面に押し出そうと立ち上げたんです。おかげで、「宗教の社会貢献」という言葉が教団の中でも多用されるようになりました。

ただお叱りもたくさん頂戴しました。社会貢献というと価値関係的な言い方になるので、活動が社会貢献なのか、そうでないのかは誰が判断するのかといった批判や疑問です。時代や文脈が変われば、社会貢献でなくなる場合もある。例えば、戦時中の教団の戦争協力は社会貢献なのか。定義の仕方では社会貢献になる。そういう批判はありましたが、東日本大震災以降、この分野に取り組む若手研究者の数が増えている印象があります。教団も関心を持ち、呼ばれて話す機会も増えました。

西出　メディアも注目しますね。

大谷　こちらとしては実際に行われている現場で活動されている宗教者の姿を見せて頂いて、研究をしていく。ある種、研究者と教団の方々との相乗効果で宗教の社会貢献活動が展開しているイメージがあるんです。この点は、小川有閑さんも指摘している。西出さんから宗教者と研究者の関わりの指摘がありましたが、宗教の社会貢献もそれに近い関係性があると思います。

釈　社会貢献は、現代社会から宗教者への要請ですからね。

――最後に一言ずつ、お願いします。

西出　平成は、宗教の「公共性」が問われ続けた時代でした。反公共性の極致としてのオウム真理教事件が起きて宗教への忌避感が高揚する一方、震災における宗教者の社会貢献、特に公共の場所での協働が注目を集めた。公共性と超宗派は親和性が高く、さらにこの傾向は加速し、ＳＤＧｓ（持続可能な開発目標）の領域で活発化するでしょう。社会構造が激変する中で、教団の役割は何かという問いが今後、改めて浮上すると思います。

大谷　この30年を振り返ると、グローバルにも国内的にも激動の時代であり、日本の仏教界も従来のしくみでは対応できない事態に直面してきた。「寺院消滅」が現実味を帯びる中、この鼎談で紹介されたように、数々の新たな試みが実践されています。時代も仏教界も過渡期の只中にあり、仏教界の新しいモデルやしくみの創出に期待したいと思います。

釈　やはり、平成期は宗教性のもっていきどころが揺れた時代と思います。また、聞いた話ですが、生まれたところで生涯を送る人は人口の１割ほどだそうです。今の日本はそれほど流動性の高い社会なんです。当然宗教のあり方も変わる。地域性・共同体性・持続性は低くなり、個別性・短期性が強くなる。伝統的日本仏教は次のフェーズに入りました。

――長時間にわたりありがとうございました。

（２０１８年12月３日）

平成仏教・宗教30年略史

昭和64年　1989

1月7日　昭和天皇崩御

平成元年　1989

1月　WCRP（世界宗教者平和会議）第5回メルボルン大会

2月　大喪の礼で政教分離問題

3月　本願寺派、ハワイ開教100周年法要

8月　新潟・妙光寺が後継ぎを必要としないお墓として安穏廟を開設。全国の先駆けとなる

12月　ダライ・ラマ法王にノーベル平和賞

平成2年　1990

4月　曹洞宗修証義公布100周年大会開幕

6月　日本印度学仏教学会が脳死臓器移植をめぐり生命倫理シンポ

8月　イラク軍がクウェート侵攻。同時期、イスラームと日本宗教者が出会う「ムルタカ比叡山会議」

※駒澤大学の袴谷憲昭教授が『本覚思想批判』『批判仏教』を刊行。本覚思想をめぐる議論が活発化

平成3年　1991

1月　湾岸戦争勃発。各教団が声明発表。各教団・団体、難民支援へ

新潟市・妙光寺の安穏廟。継承者を必要としない集合型墓地の先駆けで1989年8月に開設された（2002年撮影）

2月　本願寺派宗会、戦争協力を懺悔する決議採択
6月　脳死臨調が脳死容認の中間報告。梅原猛氏反対意見
6月　長崎・雲仙普賢岳噴火、火砕流発生。全日本仏教青年会など支援着手
11月　立正佼成会法燈継承式
11月　日蓮正宗、創価学会を破門

平成４年　１９９２

3月　興教大師８５０回御遠忌が開幕（智山派、豊山派）
4月　日本仏教教育学会発足
5月　初のビハーラ病棟をもつ長岡西病院開設
6月　ブラジル・リオデジャネイロで「環境と開発に関する国連会議」（地球サミット）。閉幕後、ＷＣＲＰが学習会
11月　曹洞宗、「懺謝文」で戦争責任表明

平成５年　１９９３

3月　アーユス仏教国際協力ネットワーク発足
4月　曹洞宗、大逆事件に連座した内山愚童の僧籍復帰（名誉回復）
6月　「宗教と社会」学会発足
7月　北海道南西沖地震。奥尻島に津波。３カ寺全壊。各教団が義援金
8月　細川政権誕生、公明党が与党に
8月　シカゴ万国宗教会議１００周年記念日本大会を伊勢市で開催
10月　四天王寺で開創１４００年法要
※ハンセン病療養施設の身延深敬園が閉園し、障がい者施設に移行

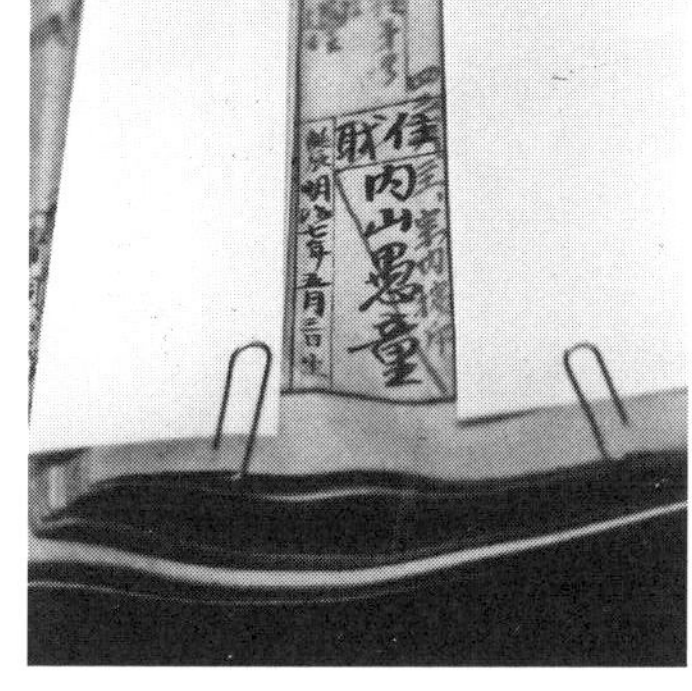

明治末の大逆事件に連座した曹洞宗僧侶の内山愚童の僧籍簿。「宗内擯斥」と記されている。1993年に名誉回復がはかられた（1992年12月撮影）

平成6年　1994

2月　東京ドームで「地球愛情コンサート」。天台宗僧侶が出仕
5月　反創価学会・公明党の四月会発足
10月　浄土宗がハワイ開教100周年法要
10月　全日仏が創価学会・公明党問題で教化セミナー開く
10～11月　浅草寺で慈覚大師生誕1200年大法会
11月　WCRP第6回イタリア大会の開会式にローマ教皇出席
11月　創価学会が東京ドームで反四月会の集会。5万5千人参集
12月　京都周辺の寺社17件が世界遺産に
※終戦50回忌にあたり各教団や本山が法要を営む

平成7年　1995

1月　阪神淡路大震災。教団や仏教系NGOなどが救援活動を展開
3月　大谷派、沖縄で沖縄戦50周年法要
3月　オウム真理教による地下鉄サリン事件発生
4月　オウム事件を受け政府が宗教法人法の見直し示唆
5月　北京で初の日中韓仏教友好交流会議。趙樸初氏が「黄金の絆」提唱
11月　教派神道連合会が結成100周年シンポ
12月　宗教法人法改正案成立
※終戦や広島・長崎原爆など50周年法要が教団や本山で営まれる
※大正新脩大蔵経テキストデータベース化事業始まる
※日蓮の真筆曼荼羅を狙った盗難事件相次ぐ（4カ寺被害）

阪神淡路大震災後、大量のがれきが市内の運動場に集積された

平成8年　1996

4月　大谷派、大逆事件に連座した高木顕明の名誉回復
4月　らい予防法廃止
6月　大谷派、「男子」規定削除し女性住職を認める
6月　日本宗教連盟（日宗連）が創立50周年式典
9月　妙心寺派、大逆事件に連座した峯尾節堂の名誉回復
※葬祭ディレクター制度始まる

平成9年　1997

1月　日本海でタンカー沈没。流出原油回収のため各教団からボランティア
2月　イギリスでクローン羊の誕生を発表
4月　最高裁、愛媛玉串料違憲訴訟で違憲判決
6月　脳死を容認する臓器移植法成立
12月　地球温暖化防止京都会議

平成10年　1998

1月　西本願寺の報恩講に東本願寺の大谷暢顕門首が参拝
3月　西本願寺蓮如上人500回遠忌開幕
4月　東本願寺蓮如上人500回遠忌開幕
5月　日蓮正宗、正本堂を取り壊し
5月　浄土宗、選択集800年式典
5月　インドとパキスタンが核実験
※宗教法人法改正に伴う書類提出で、京都仏教会は提出拒否を呼びか

オウム真理教の麻原彰晃教祖は超能力を売り物にしていた。2018年7月、他の幹部と共に死刑執行された

け、京都府仏教連合会は提出を呼びかけ

平成11年　1999

4月　日米新ガイドライン（防衛協力）をめぐり宗教界から反対の声

5月　京都仏教会、京都市と和解。稲盛和夫氏が仲介

7月　自自公政権に宗教界から批判

10月　東海村ウラン臨界事故

11月　全日仏の戒名問題研究会、「戒名料という表現は用いない」とする報告書発表

11月　WCRP第7回アンマン大会。イスラーム圏で初めて

12月　国連で、5月の満月をウェーサクデーとする決議採択

平成12年　2000

4月　真言宗豊山派創設100周年法要

8月　国連で「宗教者によるミレニアム世界平和サミット」

11月　真言宗智山派が公称100周年法要

平成13年　2001

1月　浄土宗、21世紀劈頭宣言発表、「愚者の自覚」「共生」の言葉が

1月　四月会解散決まる

3月　タリバンがバーミヤンの仏教遺跡破壊

4月　東京本願寺、東本願寺に改称

5月　ハンセン病の隔離政策に熊本地裁が違憲判決

9月　9・11米国同時多発テロ発生。イスラームへの偏見広がる

オウム事件後、宗教法人法が改正され、備え付け書類の所轄庁への提出が義務化された。京都仏教会（右）は提出拒否の会見を開いたが、京都府仏教連合会（左）は改正法に従うよう会見で述べた（1998年）

９月　臨済宗妙心寺派が戦争責任表明

※この頃から年間自殺者３万人超が話題に（この年で３年連続）

※生長の家、宗教界で初めて環境管理システムのＩＳＯ１４００１の認証を取得

平成14年　２００２

２月　曹洞宗大本山永平寺と高野山金剛峯寺が相互訪問を発表。高野山に両山トップ揃う

２月　真如苑が日産村山工場跡地を購入。32万坪、７３９億円

４月　日蓮宗、立教開宗７５０年法要

４月　大本山永平寺、道元禅師７５０回大遠忌開幕

６月　ブッダガヤが世界遺産に

10月　教団付置研究所懇話会発足

※この年、国立追悼施設構想が浮上し、宗教界の意見分かれる

平成15年　２００３

１月　仏教ＮＧＯネットワーク設立

２月　新宗連、イラク攻撃回避を祈る。千鳥ヶ淵墓苑に４８００人

10月　浅草寺で中国人俘虜殉難者遺骨送還50周年法要

11月　鳥取県が宗教法人情報を開示

平成16年　２００４

２月　東京地裁、麻原被告に死刑判決

７月　ＷＣＲＰ日本委がイラク宗教者を招き平和構築について話し合う

9.11米国同時多発テロ後、有志連合によってイラク攻撃が計画された。新宗連は千鳥ヶ淵戦没者墓苑でイラク攻撃回避の祈りを捧げた。4800人が参集（2003年２月）

9月　日本宗教学会が「日本の宗教研究の100年」シンポ
10月　新潟県中越地震
12月　仏教看護・ビハーラ学会発会
12月　スマトラ沖地震発生、インド洋周辺諸国に被害。支援広がる

平成17年　2005

3月　都内で第19回国際宗教学宗教史会議世界大会
4月　宗教者九条の和が発足
4月　本願寺派に初の女性宗会議員誕生（門徒議員）
6月　全日仏と葬祭団体が初の懇談
6月　政府、仏教界に朝鮮半島出身者の遺骨情報提供求める
10月　曹洞宗の関係学校、多々良学園が経営破綻。負債総額71億円

平成18年　2006

4月　延暦寺が指定暴力団組長の回向法要をしたことが社会問題化
6月　全国教誨師連盟50周年大会
6月　法華経漢訳1600年を慶讃し、日蓮宗が訪中団派遣
8月　京都でWCRP第8回世界大会
9月　麻原被告の死刑確定
12月　改正教育基本法施行。宗教教育について具体的に記述
※朝鮮半島出身者の遺骨返還をめぐって全日仏が連絡協議会を設置。各教団が調査に協力

平成19年　2007

新潟県中越地震で被災した小千谷市内の境内墓地。1基の墓石だけ倒れずに残った（2004年10月）

3月　日蓮宗の国会議員組織「法華一乗会」発足
3月　能登半島沖地震。東西本願寺、曹洞宗寺院に被害集中
5月　自殺対策に取り組む僧侶の会発足
7月　築地本願寺で節談説教復活の布教大会
7月　新潟県中越沖地震。柏崎市内に被害集中
7月　大蔵経データベース化達成し都内で完成大会
8月　全日仏、増上寺で財団創立50周年式典を挙行
10月　大谷派、「戦争は罪悪」と発言した竹中彰元の名誉回復
11月　天皇皇后両陛下が比叡山延暦寺へ32年ぶり行幸啓
12月　築地本願寺で超宗派によるボーズコレクション

平成20年　2008

1月　東京・回向院の動物供養に対する都の課税に対して、東京高裁は一審棄却。後に確定
1月　沖縄に初の真言宗豊山派寺院、沖縄山城間院長谷寺が開山
6月　秋葉原で無差別殺人事件
7月　WCRP日本委、G8サミットに向けて札幌で宗教者会議。提言書を福田首相に提出
9月　最高裁第2小法廷、ペット供養への課税を認める判断
10月　浄土宗教育資団（現佛教教育学園）と東山学園が法人合併
11月　浄土宗が「平和アピール」発表。戦争協力に言及
11月　駒澤大学が資産運用の失敗で154億円損失

能登半島沖地震（2007年3月）で倒壊した専徳寺（輪島市）の鐘楼堂（同4月）

11月　日本仏教心理学会発足

平成21年　２００９

2月　本願寺派札幌別院が「駆け込み寺」開設。失職者受け入れ
4月　全日本仏教婦人連盟が愛知でのエコイベントで「花の種」１万袋配布
4月　浄土宗青年僧有志、社会慈業委員会「ひとさじの会」結成
5月　韓国・神勒寺に人類和合共生祈願碑建立。日韓仏教交流協議会
5月　身延山久遠寺に１３４年ぶりに五重塔落慶
5月　幸福の科学、幸福実現党を結党
6月　天台座主、初の高野山参拝
6月　日蓮宗、立正安国論奏進７５０年法要
7月　法華宗本門流、立正安国論７５０年誓願の集い
9月　総選挙で民主党勝利し政権交代
10月　醍醐寺、聖宝理源大師１１００年遠忌法要

平成22年　２０１０

1月　全日仏会長がダボス会議に初参加しスピーチ
4月　本願寺派、京都自殺防止センター開設
4月　17年ぶりに復活した大正大学仏教学部に１１６人入学
6月　全日本仏教尼僧法団、60周年式典を挙行
7月　葬儀参入のイオンに全日仏が意見書。ホームページの料金削除求める
9月　ＷＣＲＰ創設40周年記念し奈良でまほろば大会。世界の青年宗教者が中心となったアームズ・ダウン署名は１０９９万人に

1200年の歴史の中で天台座主として初めて半田孝淳座主（右）が高野山を公式参拝。松長有慶金剛峯寺座主（左）が歓迎した（2009年６月）

※1月NHKの「無縁社会」放映を機に無縁社会への関心が高まり、研修会等が相次ぐ

平成23年　2011

1月　「宗教文化士」資格制度を運営する宗教文化教育推進センター発足
3月　東日本大震災発生。東電福島第1原発事故発生
3月　法然上人に「法爾」大師号加諡。宮内庁から
4月　被災地遺体の都内火葬に際し、有志宗教者が火葬場で祈りを捧げる。その後も継続
4月　宗教者や研究者ら宗教者災害支援連絡会（宗援連）設立
4月　本願寺派と大谷派、親鸞聖人750回大遠忌開幕
6月　岩手・中尊寺などが世界遺産に登録
10月　知恩院、法然上人800回大遠忌開白
10月　新日本宗教団体連合会（新宗連）が結成60周年集会
11月　オウム裁判終結。13人死刑確定
12月　全日仏、「原子力発電によらない生き方を求めて」宣言を発表
12月　シャンティ国際ボランティア会（SVA）が30周年イベント
※大震災後、天罰論・天戒論が噴出

平成24年　2012

2月　全日仏会長が日本記者クラブで会見し脱原発を強調
4月　全日仏、WCRP日本委、公益財団法人に移行
4月　本願寺派、宗派・本山分離の新体制に移行

東日本大震災では多くの寺院が津波の被害にあった。名取市閖上地区の東禅寺もその一つで、奇跡的に本堂が残ったものの使用できる状況ではなかった（右、2011年3月）。7年後かさ上げされた土地に再建を果たした（左、2018年3月）

4月　天台宗、10年にわたる祖師先徳鑽仰大法会開闢
6月　天台宗・高野山・神社本庁が「自然環境を守る共同提言」
7月　日蓮宗、ハワイ開教110年・別院100年法要
7月　本願寺派の大谷光真門主が私的発言としながら原発に対し「倫理的宗教的に問題」と発言
10月　島根県に中村元記念館オープン
11月　大本、京都市内で開教120年祝賀会
※この年、東北大学実践宗教学寄附講座が開設され臨床宗教師の養成を開始。仏教系大学に広がる

平成25年　2013

3月　大正大学が中心となり他の私大と共に宮城県三陸町に研修センター「まなびの里　いりやど」開設
5月　全青協、臨床仏教師養成プログラム開始
7月　インド・ブッダガヤでテロ事件。日本寺、一時閉鎖
7月　生長の家、山梨県北杜市にゼロエネルギービル、森の中のオフィス（国際本部）完成
11月　ウィーンでWCRP第9回世界大会
※特定秘密保護法案をめぐり宗教者が反対の声あげる。国会周辺で抗議行動も

平成26年　2014

2月　京都マラソンでインターフェイス駅伝。10チーム40人参加

京都マラソンに併設された「Inter Faith（インター・フェイス）駅伝」。海外参加者を含め4人1組、10チーム・全40人がタスキをつないだ。そのスタートの様子（2014年2月）

5月　四国八十八ケ所霊場開創１２００年大法要を善通寺で奉修
6月　本願寺派法統継承式、大谷光淳門主が誕生
7月　政府、憲法解釈変更で集団的自衛権行使の容認を閣議決定
8月　豪雨により広島市で大規模土砂災害
9月　佼成病院、新築落成。緩和ケアビハーラ病棟完備
10月　浄土宗宗議会で法然上人に関する教科書記述を問題提起
11月　日本「祈りと救いとこころ」学会設立

平成27年　２０１５

2月　高野山真言宗、前内局の放漫損失額を5億7千万円と報告
4月　高野山開創１２００年法会開白。50日間
4月　第１期臨床仏教師６人を認定（最初の受講者は95人）
4月　ネパールで大規模地震
5月　融通念佛宗、開宗９００年法要
7月　新安保法制反対で国会前に仏教者ら３００人集結。法案反対の動きが広がる
8月　呪殺祈祷僧団、経産省前で原発廃止や安保法廃案を訴える
10月　大本山總持寺、二祖峨山禅師６５０回大遠忌開幕
10月　浄土宗に36年ぶり女性議員
11月　世界連邦日本仏教徒協議会と関西宗教懇話会が靖国神社で慰霊法要
※宗教学者の石井研士氏が『宗務時報』（10月発行）に寄稿し、消滅可能性都市８９６自治体に６万３千の宗教法人があると分析。以降、

憲法学者が疑問視する安保関連法案が審議されるなか、「兵戈無用」を掲げて法案反対を訴える宗教者たち。約300人が集結した（2015年７月）

「限界宗教法人」や過疎地寺院への関心が高まる

平成28年　２０１６

2月　日本臨床宗教師会が発足。会長に島薗進氏
3月　全日仏、日米アマゾンに「お坊さん便」中止要請
4月　延暦寺根本中堂（国宝）の大改修始まる。10ヵ年50億円の大事業
4月　熊本地震、大分を含めて寺院被害相次ぐ
5月　オバマ米大統領、広島訪問
6月　生長の家、参院選を前に与党候補者支持せずと発表
7月　バングラデシュでテロ事件。邦人7人犠牲
11月　東京都仏教連合会100周年式典。前身は東京仏教護国団

平成29年　２０１７

1月　苫小牧駒澤大学の経営権を京都育英館に譲渡
5月　都内で共謀罪反対集会。除名された元創価学会員参加
7月　九州北部豪雨
8月　比叡山宗教サミット30周年「平和の祈りの集い」
8月　ミャンマーでロヒンギャと仏教徒対立。ロヒンギャ難民大量発生
10月　ノーベル平和賞にICAN（核兵器廃絶国際キャンペーン）
11月　北朝鮮情勢緊迫し、新宗連が千鳥ヶ淵墓苑で平和の集い。3800人
11月　東京駅前に「愛の像」復活。愛は田嶋隆純（豊山派）戦犯教誨師揮毫

平成30年　２０１８

3月　臨済宗妙心寺派、新宮市で峯尾節堂100回忌法要

大逆事件に連座した臨済宗妙心寺派僧侶の峯尾節堂100回忌法要が、かつて住職をしていた和歌山県新宮市の真如寺で営まれた。河野太通元管長（右端）も参列した（2018年３月）

4月　真如苑、半蔵門ミュージアム開館。運慶作「大日如来」公開
6月　大阪北部地震
7月　西日本豪雨、各地に被害
7月　オウム死刑囚、2回にわたり全13人執行
9月　台風21号、各地に被害
9月　北海道胆振東部地震
10月　大本山大覚寺、60年に一度の戊戌開封法会開白
10月　超宗派僧侶、電力会社「テラエナジー」設立。再生可能エネルギーで
11月　大本山總持寺でＷＦＢ世界仏教徒会議日本大会
12月　仏教伝道協会、初のお寺の掲示板大賞発表。大賞は「おまえも死ぬぞ　釈尊」

平成31年　２０１９

1月　東寺で平成最後の御修法
1月　浄土宗大本山清浄華院、離脱表明。後に撤回
2月　浄土宗全国女性教師の会が「ふたはたの会」として発足
4月　曹洞宗が南米ペルーで移民１２０年法要
4月　新元号「令和」発表

令和元年　２０１９

5月　「令和」開幕

仏教伝道協会が主催した「輝け！お寺の掲示板大賞」の第１回大賞に「お前も死ぬぞ」（岐阜・願蓮寺）が選ばれた。ネットを通じての企画で、募集段階から注目を集めた（2018年12月）

第3部

近代の仏教学・宗教学研究書3冊

【3冊に対するコメント】【今後の学問研究及び自由意見】

仏教学者・宗教学者アンケート（43人回答）

※肩書は回答時のまま

明治維新150周年企画「仏教学・宗教学の研究書３冊アンケート」として昨年（2017）12月１日、仏教学者・宗教学者らにアンケート用紙を送付した。仏教学・宗教学は西欧を経由して日本に導入され、これにより仏教系大学では伝統的な宗学研究から客観的な研究へとスタイルが変化し、僧侶養成においても幅広い知見が必要となった。

仏教・宗教研究において重要と思われる書籍とコメント、ならびに「今後の学問研究及び自由意見」への回答を求めた。

アンケートにあたり各大学のホームページの教員情報を基に抽出。このほか弊紙寄稿者リストなどを用いて約300人に配布した。最終的に43人から回答いただいた。

東　隆真

元駒沢女子大学学長・文学博士

（1935年生まれ）

【専門】日本仏教（仏祖正伝の仏法）

【研究書3冊】

強いてあげれば、拙著**『この道をゆく』（北國新聞社、2017）、『「大乗寺御佛供水」は「白山水」の源流か』（北國新聞社、2017）**の二著です。

【今後の学問研究及び自由意見】

昨今の仏教書は私たちの苦にいささかの実践力もない、いわゆる学者連中がもっとも新しい屁りくつを述べ立てているのが多い。こういうことでは日本仏教はやがてつぶれていくだろう。

石井　公成

駒澤大学仏教学部

（1950年生まれ）

【専門】東アジアの仏教とその周辺

【研究書3冊】

①高崎直道『如来蔵思想の形成』（春秋社、2009）

②大竹晋『大乗起信論成立問題の研究』（国書刊行会、2017）

③彌永信美『大黒天変相―仏教神話学』（法藏館、2002）

【3冊に対するコメント】

①は梵語テキスト・チベット語訳・漢訳経論を精査し、如来蔵思想の形成過程を解明した画期的な労作であり、近代日本の仏教学の水準の高さを代表する研究書と言って良い。

②は1400年以上にわたって続いた『起信論』の真偽論争を終結させた研究書であり、①とともに日本が世界に誇るべき画期的な研究書である。

③は東西にわたる幅広い知識と視点によって、仏教の尊格の変容過程を跡づけたもの。これまでの仏教史では扱えなかった信仰の実態が見えてくる。

【今後の学問研究及び自由意見】

日本の仏教学は末法に入りつつある。漢文の力が落ちており、専門化が進んだ結果、様々な経論や中国・韓国・日本の著名な仏教文献を幅広く読むのを当然とする常識が通用しなくなった。今後は、詳細・精密な研究と、幅広い視点による研究の双方を組み合わせていくことが必要となろう。そのためには、塚本善隆・牧田諦亮らが京大人文科学研究所でおこなってきたような研究会、つまり、諸分野のすぐれた研究者と若手・中堅が一堂に会し、読解の訓練となるとともに視野を広げてくれるような共同研究を盛んにするほかない。

岡野　潔

九州大学人文科学研究院　（１９５９年生まれ）

【専門】インド仏教の文学的文献

【研究書３冊】

①**水野弘元『釈尊の生涯』（春秋社、１９８５）**
②**岩本裕『仏教説話研究』全５巻（開明書院、１９７８―79）**
③**及川真介・村上真完『仏のことば註』全４巻（春秋社、２００９〔新装版〕）**

【３冊に対するコメント】

①お寺の出身でなかった私が、中学生の時にこの本を読んで感激し、仏教学者になることを決意しました。私にとっては一生を決めた本です。
②インドの梵文仏教説話の土台を築いた研究です。
③近年のパーリ語仏典研究の金字塔です。

【今後の学問研究及び自由意見】

もっと校訂テキストと翻訳がどんどん出て来ると良いな、と思います。哲学的な文献ばかりに偏らず、文学的作品も多く、校訂・翻訳することで、インド仏教学はインド文化学として、学問の裾野をもっと広げてゆく必要があります。

奥野　光賢

駒澤大学仏教学部　（1958年生まれ）

【専門】中国仏教（三論学）

【研究書3冊】

①佐藤哲英『天台大師の研究』（百華苑、1961）

②平井俊榮『法華文句の成立に関する研究』（春秋社、1985）

③平井俊榮『中国般若思想史研究―吉蔵と三論学派』（春秋社、1976）

【3冊に対するコメント】

①はその副題「智顗の著作に関する基礎的研究」に明らかなように、天台宗の大成者である天台智顗（538―597）に関わる著作すべてに対する文献批判を試みたもので、天台教学史上画期的なものであった。以後の天台学研究は本書の成果を無視しては一歩も進まないと言っても過言ではない。

②は①の成果を受けて、三論学を専門とする著者が天台三大部の一つである『法華文句』を中心に、智顗と吉蔵（549―623）の文献交渉の実態を解き明かそうとした意欲作。

③は②の著者による、従来あまり顧みられてこなかった吉蔵を中心とする三論学派・三論宗に対する総合的研究で、本書によって吉蔵を中心とした三論学派の歴史および思想研究は飛躍的に進展することになった、この分野における不滅の研究書である。

島薗　進

上智大学教授・東京大学名誉教授　（1948年生まれ）

【専門】宗教学・近代日本宗教史・死生学

【研究書3冊】

・中村元『宗教と社会倫理―古代宗教の社会理想』（岩波書店、1959）

仏教研究、インド哲学研究の新進気鋭の研究者であった著者が、第二次世界大戦、アジア太平洋戦争の経験を経て、仏教の社会倫理思想を根本的に検討するという課題に取り組んだ。

『東洋人の思惟方法』、『慈悲』などが1948年、49年に出ているが、10年後に出た『宗教と社会倫理―古代宗教の社会理想』は仏教の社会倫理を考察するための土台を提供しているという点で、その意義は大きい。正法を世に広め、正法のゆきわたる世とする、そのためにこそ仏の教えはあるという仏教の社会倫理的側面をよく示している。20世紀の最後の四半世紀に「社会参加仏教」という言葉が広められたが、実は古代から仏教は社会参加、かつ公共哲学的な視座をもっていたことがよく示されている。だが、この観点は『慈悲』の論旨とは必ずしも合致せず、その後の著者の仕事のなかで発展させられることはなかった。

・市川白弦『日本ファシズム下の宗教』（エヌエス出版会、1975）

国家神道との関わりを自覚しながら、近代日本の宗教の歩みを振り返る必要がますます高まっている。神道指令や日本国憲法によって国家神道が解体したというのは、幻想であることがますます明確になりつつあるのが日本の現状だからだ。そのように足もとを直視する宗教学的、仏教学的業績として、本書は際立っている。昭和前期の日本仏教は、なぜかくもやすやすと全体主義的な天皇崇敬や聖戦論に呑み込まれていったのか。それは事実上の暴力肯定だった。日本の宗教性はそのようなものだったのか。そのような日本宗教の弱さを振り返る宗教学や仏教学の試みはあまり多くない。歴史的な経験を十分に省みることによってこそ、社会性・倫理性を備えた深い宗教性を具体化していくことが出来るはずである。著者はそのような問題意識を明確に示し、近代日本の仏教のあり方を思想的な基盤から問い直している。

・折口信夫『古代研究』全３巻（大岡山書店、１９２９—30）

宗教学の成果という枠組みで、日本民俗学や神道研究や新宗教研究を落とすことは重大な欠落となる。これらの分野の宗教研究は、総体として巨大な研究成果を生み出してきており、それは世界に誇るべきものになるだろう。だが、柳田国男『遠野物語』『先祖の話』、村岡典嗣『神道史』から、圭室諦成『葬式仏教』、五来重『高野聖』、宮田登『ミロク信仰の研究』、あるいは宮家準の修験道研究など、重要な業績は多いが、宗教学の歴史上の代表作となるとやはり、柳田か折口の名をあげる他ない。著作となると、折口の『古代研究』ではなかろうか。この書物では、さまざまな素材が取り上げられ、宗教と民俗、文芸、芸能の関わりについて、独自の光が当てられている。また、フィールドワークと古典読解の関連づけという点でも新たな地平が切り開かれている。日本宗教研究史上に与えた影響はきわめて大きなものがある。

末木文美士

国際日本文化研究センター名誉教授
（1949年生まれ）

【専門】日本仏教史

【研究書3冊】

・**上杉文秀『日本天台史』2巻（破塵閣書房、1935／復刻：国書刊行会、1972）**

・**湯次了栄『華厳大系』（法林館、1915／復刻：国書刊行会、1975）**

・**望月信亨『浄土教の起源及発達』（共立社、1930／復刻：山喜房佛書林、1972）**

【3冊に対するコメント】

仏教に関心を持つようになって、最初はもちろん戦後の分かりやすい入門書から入ったが、その後、少し本気で勉強したいと思った時に手にしたのは、もう一時代前の重厚な研究書や概説書であった。他に、密教であれば栂尾祥雲『秘密仏教史』、禅学であれば忽滑谷快天『禅学思想史』などが挙げられる。こうした伝統を踏まえた近代教学は、大正から昭和前期に大成された。それは、宗門系大学の確立と連動するものであろう。彼らの築いた巨大な知の体系は、今日ではもはやほとんど不可能になっている。ちょうどそれらが盛んに復刻された1970年代に研究生活に入ったことは、幸運であった。

【今後の学問研究及び自由意見】

仏教古典の研究をしようとするならば、同時に近代の研究史を踏まえなければならないことは、最近ようやく常識化しつつある。ただ、官学と宗門大学の両方を踏まえた総合的な研究史はなかなか全体像をつかみにくく、これからの課題が大きい。それと同時に、近現代を明らかにすることで事足れりとするならば、それもまた一面的で、所詮浅薄なものに終わるであろう。最終的に、仏教学は反時代的な古典研究に沈潜するところにその真髄がある。仏教の単純な近代化でなく、その強烈な反近代性が近代の中で炸裂することが最大の魅力だ。

武田　晋

龍谷大学文学部（１９６５年生まれ）

【専門】浄土教・真宗学

【研究書３冊】

・辻善之助『日本仏教史之研究』（金港堂書籍株式会社、１９１９）

・藤田宏達『原始浄土思想の研究』（岩波書店、１９７０）

・赤松俊秀・藤島達朗・宮崎円遵・平松令三『親鸞聖人真蹟集成』（法藏館、１９７３）

【３冊に対するコメント】

浄土教・真宗学を研究する者として、近代１５０年という視点から見た時に、大きく研究が進展するために必須の書籍であったかと考える。

【今後の学問研究及び自由意見】

ＡＩの発展と共に、研究の方法も劇的に変化するのではないかと思っている。

田代　俊孝

同朋大学大学院文学研究科長・教授（１９５２年生まれ）

【専門】真宗学、生命倫理学

【研究書３冊】

①山辺習学・赤沼智善『教行信証講義』（法藏館、１９５１）

②曽我量深『歎異抄聴記』（東本願寺、１９４７、１９９９／文庫：彌生書房、１９７１）

③稲葉昌丸『蓮如上人遺文』『蓮如上人行実』（法藏館、１９４８）

【３冊に対するコメント】

①真宗はもとより広く仏教学全般から詳細な解説がなされている。

②歎異精神を掲げ、歎異抄そのものに対する見方を一変させた。

③蓮如関係の御文等（史料）の集大成。

【今後の学問研究及び自由意見】

文献的な研究を基礎とし、悩む人に向きあう実践的な仏教研究が必要ではないでしょうか。

寺田　喜朗

大正大学文学部教授

（1972年生まれ）

【専門】宗教社会学

【研究書3冊】

①森岡清美『真宗教団と「家」制度』（創文社、1962、1978〔増補版〕／新版：法藏館、2018）

②井上順孝・孝本貢・対馬路人・中牧弘允・西山茂編『新宗教事典』（弘文堂、1990）

③寺田喜朗・塚田穂高・川又俊則・小島伸之編『近現代日本の宗教変動』（ハーベスト社、2016）

【3冊に対するコメント】

「近代150年の宗教学」に関してコメントできるほど学識はないため、実証的な宗教社会学の研究成果に限定して選出した。上掲したものは、欧米の学説の紹介に留まらず、日本宗教ないし日本の地域社会を対象に宗教社会学的な観点から実証研究を試みた成果である。

①は言わずと知れた日本の宗教社会学の金字塔であり、近世・近代仏教史にも裨益する重厚な調査研究の成果である。

②は、宗教社会学研究会に集った研究者の手による日本の新宗教研究最大の成果であり、教え・組織・展開・信者・布教等、様々な観点から新宗教の特色が明らかにされている。

③は、上掲3つの中では最も若い世代の手による新しい成果だが、実証的な宗教社会学の歴史を踏まえ、未来へ継承しようと格闘した意欲作である。手前味噌ながら紹介させて頂いた。

【今後の学問研究及び自由意見】

基礎研究が等閑視され、研究のプラットフォームが流動化し、トレンドが短期間で移行していく傾向が見られるのが現状ではないか。上掲①のような、じっくり腰を据えた手堅い調査研究を蓄積していくことが学問の着実な進歩につながると考える。

時枝　務

立正大学文学部　（1958年生まれ）

【専門】仏教考古学、修験道史

【研究書3冊】

・石田茂作『飛鳥寺院址の研究』（聖徳太子奉讃会、1936）

・大場磐雄『神道考古学論攷』（葦牙書房、1943）

・和歌森太郎『修験道史研究』（河出書房、1943）

【3冊に対するコメント】

辻善之助や姉崎正治の本をあげる人は多かろうが、この3冊に注目する人はまれであろう。3冊に共通するのは文字通りのパイオニアである点である。石田の古代寺院研究は法隆寺再建非再建論争に終止符を打ち、大場は祭祀遺跡から古代の神祇を探り、和歌森は日本的仏教の極みである修験道を歴史的に解明した。

【今後の学問研究及び自由意見】

仏教史や宗教史は、おもに文献史料によって研究されてきたが、文献史料だけでは解明できない領域が広がっていることがだんだんあきらかになってきた。石田や大場が実践した考古史料による研究、和歌森が導入した民俗資料からのアプローチは、一時期注目されたこともあったが、あまり本格化しないうちにブームが去った。しかし、文字と疎遠な民衆や、修行にあけくれた実践家の足跡は、考古学や民俗学との協業なくしては成り立つまい。今後の研鑽が期待されるところである。

苫米地誠一

大正大学仏教学部教授

（1952年生まれ）

【専門】真言学・日本密教研究

【研究書3冊】

①祖風宣揚会編『弘法大師全集』（六大新報社、1910）
②勝又俊教著『密教の日本的展開』（春秋社、1970）
③密教辞典編纂会編『密教大辞典』（法蔵館、1931）

【3冊に対するコメント】

長谷宝秀氏を代表とする祖風宣揚会編『弘法大師全集』は、それまで空海作とされてきたテキスト群を網羅しながら、それらを真撰部と真偽未決部とに分け、現代の仏教文献学による密教学・真言学研究、殊に空海教学研究の礎を作った出版である。真偽未決部に収録されるテキストは、他に活字化されていないものも多く、『定本弘法大師全集』が出た今でも、その存在意義は大きい。

勝又俊教著『密教の日本的展開』は、江戸期以来の伝統宗学の影響の強かった空海教学研究に、本格的な仏教文献学の手法を持ち込むことにより、その後の空海教学研究の方向性を作った画期的な出版であった。空海伝研究に歴史学的知見や手法を持ち込んだ渡辺照宏・宮坂宥勝著『沙門空海』も重要ではあるが、本書はいわゆる伝統宗学の枠を壊すこととなった研究であり、そのインパクトと影響力は本書の方が大きいであろう。

『密教大辞典』は、江戸期以来の伝統的宗学の知識と、近代以降に流入した仏教文献学の成果を網羅した、真言密教に関する大辞典である。ことに現在では常識的知識となりにくい伝統宗学の知識を、辞典の形で現在に伝えている意味は大きい。現在でも真言密教研究に必須の辞典であり続けている。

【今後の学問研究及び自由意見】

今回は現在の真言密教研究、空海教学研究に一つの画期を作った書と基本的辞典とを上げた。その後の研究の進展により乗り越えられたインド密教研究、密教経典研究における栂尾祥雲博士のご業績もあるが、空海教学研究に限定した部分があるにしても、研究史・学問史上の意義は大きいと考える。

今後の真言密教研究・日本密教研究は、単に祖師の教学・思想の研究だけではなく、仏教学以外の分野で進められている儀礼研究や文学研究・美術研究・歴史研究などと学際的に交流し、取り入れ、融合した研究になっていく必要があろう。

それはインド密教研究で行われている、テキスト・儀礼・思想・歴史・美術・宗教間交渉といった多面的な研究を、日本密教研究に適用させることでもあり、また江戸期以前の諸学匠が学んできた研究範囲でもある。ただ客観的学問でなければ社会一般の人々を納得させることの難しい現代では、その研究手法も現代的なものとなっていかなければならないのは必然でもあろう。

西山　茂

東洋大学名誉教授
（1942年生まれ）

【専門】宗教社会学

【研究書3冊】

①田中智学述（山川智応・長滝智大整記）『本化妙宗式目講義録』全5巻（師子王文庫、1904）のちの『日蓮主義教学大観』

②森岡清美『真宗教団と「家」制度』（創文社、1962、1978〔増補版〕／新版：法藏館、2018）

③井上順孝ほか編著『新宗教事典』（弘文堂、1990）

【3冊に対するコメント】

①摂受的な充洽園教学に抗して「祖道復古」の折伏主義の組織宗学を起こした画期的な書。法華経と日本の法国相関論をもとに、世界悉檀的に社会や政治に積極的に関与する近代日蓮主義運動を興起した書でもある。

②妻帯・世襲の住職家としての寺が譜代的に縦横に他寺と繋がっている真宗寺院の「家」的結合の性格を、能登等をフィールドとして、徹底的な実証調査で克明に明らかにしたもので、実証主義的な宗教社会学の金字塔。

③ともすれば内幕暴露や提灯持ちになりやすい新宗教への言及を、共感的だが客観的な立場から一新し、日本の新宗教研究の水準を一挙に学問化できるレベルにまで引き上げた画期的な事典。執筆陣の鋭い解説と信頼性の高い資料が魅力的。

【今後の学問研究及び自由意見】

①トランプ大統領のパリ協定からの脱退声明とエルサレム発言に憂慮し、地球環境と世界平和の問題に危機を感じています。宗教者の協力で、これらの危機に立ち向かいましょう。

②いま、創価学会が大きく変わっています。私は、これから、戦後日本の典型的な新宗教運動の事例として創価学会を取り上げ、平易で、学問的にも鋭い問題提起ができるような単行本を書いてみたいと思っています。

林　淳

愛知学院大学文学部

（1953年生まれ）

【専攻】日本宗教史・宗教学

【研究書3冊】

・堀一郎『我が国民間信仰史の研究　宗教史編』（創元社、1953）

・安丸良夫『神々の明治維新―神仏分離と廃仏毀釈』（岩波新書、1979）

・高埜利彦『近世日本の国家権力と宗教』（東京大学出版会、1989）

【3冊に対するコメント】

堀の本は、柳田国男のヒジリ研究と折口信夫のマレビト研究を統合して、民間信仰の伝播の担い手の歴史を描いたもの。「民間信仰」に「史」をつけたのは堀の創意であろう。修験、陰陽師の研究が盛んになる前の先駆性を評価したい。『神々の明治維新』は、コンパクトな本だが、安丸の思想史の本領が凝縮している名著である。高埜の本は、本山・本所による宗教者の編成を明らかにし、朝幕関係論、近世宗教社会史へ幅広く影響を与え、近世宗教史の視角を一変させた。

【今後の学問研究及び自由意見】

大きな学会ほどではなく、身内的なサークルでもなく、特定テーマのもとで世代も専門もずれた研究者が集まる中小規模の研究会ができて、研究者の討議と発表を保証していくことが、大切だと感じています。私の専門にひきつけて言えば、日本宗教史の全体像を一人の研究者のアイデアで素描するのではなく、研究者間の討議によって通史を構想できたらよいと考えています。

福田　亮成

大正大学（名誉教授）　（１９３７年生まれ）

【専門】空海教学、密教学

【研究書３冊】

①栂尾祥雲『理趣経の研究』（高野山大学出版部、１９３２〔重版あり〕）

②勝又俊教『弘法大師著作全集』全３巻（山喜房佛書林、１９６８―69〔以下15版〕）

③密教辞典編纂会『密教大辞典　縮刷版』（法藏館、１９３１、１９９８〔第８刷〕）

【３冊に対するコメント】

①は、卒論にて依本としたものである。

②は、弘法大師の全著作を簡便に見わたせるのに便利であること。

③は、密教の宝庫というべきもので、密教辞典としては最も完成度の高いものである。

【今後の学問研究及び自由意見】

私の時代と研究方法がまったく変化してしまった。パソコンやコピー機を使った論文作成は、資料収集が、いとも簡単にできるようになった。しかし、逆に資料を集めるのに急で、実際にそれを読了し整理し、論文にするのが、かえって難しくなってきたのではないだろうか。

藤井　淳

駒澤大学仏教学部　（１９７６年生まれ）

【専門】日本仏教

【研究書３冊】

・松本史朗『縁起と空』（大蔵出版、１９８９）

・末木文美士『仏教―言葉の思想史』（岩波書店、１９９６）

・辻善之助『明治仏教史の問題』（立文書院　１９４９）

【３冊に対するコメント】

私は教判の歴史的展開について概説を書いたことがある。松本史朗氏は近代文献学を駆使し「如来蔵思想は仏教にあらず」と主張した。現在にいたるまで仏教学の理解はこの松本氏の〝教判〟の影響下にないものはない。末木氏の『仏教―言葉の思想史』は「仏性」「自然」など日本仏教の重要な問題をインドにさかのぼって扱い、松本氏に対しても理論的な回答を示唆する後世に残すべき書である。松本氏の主張に対し、着実な文献学に基づいて真正面から取り組むことが今後の仏教学の課題である。

明治維新１５０年は廃仏毀釈１５０年でもある。最も激しい廃仏毀釈の一つ、「隠岐騒動」で私の曾祖父は僧籍を剥奪され、名前を変えさせられた。しかし廃仏毀釈は江戸時代に惰眠を貪っていた僧侶がたどらなければならなかった道であると私は受け止めている。『明治仏教史の問題』は空前絶後の『日本仏教史』十巻を著した辻善之助が〝現代史〟に取り組んだもので普遍的な価値を持つ。

松尾　剛次

山形大学人文社会科学部　（1954年生まれ）

【専門】 日本仏教史

【研究書3冊】

①家永三郎『中世仏教思想史研究』（法藏館、1947）

②平泉澄『中世に於ける社寺と社会の関係』（至文堂、1926）

③黒田俊雄『日本中世の国家と宗教』（岩波書店、1975）

【3冊に対するコメント】

①は、鎌倉新仏教（浄土教）中心史観の代表的著作。②は中世における旧仏教寺社の役割に注目。③は、②を踏まえて、正統と異端概念で中世仏教史を説明し、顕密体制論を提唱。

【今後の学問研究及び自由意見】

③で旧仏教寺社勢力の中世における役割の大きさに光が当てられたが、とりわけ、旧仏教の改革派とされた禅・律僧の影響力の大きさが注目されるようになった。私は、遁世僧たる禅・律・念仏僧らの活動をより明らかにした上で、日本中世仏教史像の再構築をめざすべきと考える。その際、官僧・遁世僧体制モデルで中世仏教史の全体像を見直すべきと考えている。官僧は天皇から僧位・僧官を授与され、鎮護国家の祈祷を委ねられた官僚僧団で、国家的な戒壇授戒制下にあった。官僧には、穢れ忌避の活動上の制約があり、大和民族共同体など共同体の安泰を祈ることを第一義の勤めとした。他

方、遁世僧は私僧といえ、独自な得度・授戒制度などを生み出し、在家信者の布施などによって教団を維持した。遁世僧には、いわゆる鎌倉新仏教僧も旧仏教の改革派も入っている点が注目される。遁世僧は官僧の制約から自由であり、非人救済に象徴される「個人」の救済を第一義とした。

宮元　啓一

國學院大學名誉教授　（１９４８年生まれ）

【専門】インド哲学、仏教思想、武士道

【研究書３冊】

・木村泰賢『原始仏教思想論』「木村泰賢全集」第３巻（大法輪閣、１９６８）

・中村元『原始仏教の思想』「中村元選集［決定版］」第15・16巻（春秋社、１９９３）

・平川彰『初期大乗仏教の研究』「平川彰著作集第」３・４巻（春秋社、１９８９―90）

【３冊に対するコメント】

何れもその時代の世界水準を遥かに超える記念碑的な著作である。斯界の日本人研究者の誇りであり、今もなお私の研究意欲を掻き立てて已まない。

【今後の学問研究及び自由意見】

インド哲学研究というジャンルでは、原典の全訳（和訳も英訳も）が圧倒的に少ない（特に比較的購入しやすい低価格のもの）。研究者の数も世界的に少ない。私としては、重要なテクストの全訳（和訳・英訳共に）に今後（定年退職後）邁進したいと考えております。ものによっては共訳もあり得ると思いますが、一人だけの方が訳語に一貫性が出来ますので、その方向で仕事を進めるつもりです。

森山　清徹

佛教大学仏教学部教授　（1949年生まれ）

【専門】インド、チベット仏教学（中観、唯識思想史）

【研究書3冊】

・梶山雄一・上山春平「空の論理〈中観〉」『仏教の思想』第3巻（角川書店、1969）
・戸崎宏正『仏教認識論の研究』上下巻（大東出版社、1979）
・Katsumi Mimaki（御牧克己）『BLO GSAL GRUB MTHA'』（京都大学人文科学研究所、1982）

【3冊に対するコメント】

新分野の研究を体系的に表し、これらの書がなければこの分野の知識を広く深く知ることはできなかったと思われる。

【今後の学問研究及び自由意見】

仏教研究においては、やはりインド仏教を広く深く知ることが出発点になると思われる。したがってインド哲学としてのインド思想に通じることも重要と思われる。それと共に異分野の知識、現代の事柄にも通じていくことが大切と思われる。

山本　和彦

大谷大学文学部仏教学科教授　（1960年生まれ）

【専門】インド哲学

【研究書3冊】

・立川武蔵『中論の思想』（法藏館、1994）
・下田正弘『涅槃経の研究』（春秋社、1997）
・梶山雄一『仏教における存在と知識』（紀伊国屋書店、1983）

【3冊に対するコメント】

いずれも繰り返し、何度も読んだ。論文の書き方の基礎を学んだ。

【今後の学問研究及び自由意見】

仏教だけでなく、広く、ヒンドゥー教、ジャイナ教などインドの思想全体から仏教を見つめるべきである。

渡邊　寶陽

立正大学名誉教授　（１９３３年生まれ）

【専門】日蓮教学

【研究書３冊】

①山川智應『法華思想史上の日蓮聖人』（新潮社、１９３４）

山川智應は、田中智学の高弟。大正5年（１９１６）姉崎正治が『法華経の行者日蓮』を博文館から上梓した際、誤りを指摘。姉崎は版を重ねる毎に全面的改訂を行った。姉崎は山川に学位論文提出を勧めた。周囲の反対意見に対して、望月日謙が提出を進言。日蓮を論ずる初めての学位論文となったのが、本書である。

②望月歓厚『日蓮教学の研究』（平楽寺書店、１９５８）

近代日蓮教学の権威である著者の学位論文。著者には、大正14年（１９２５）以降続けた講義ノート『日蓮宗学説史』の綿密な労作がある（のちに昭和43年、平楽寺書店刊）。本書は、そうした永年の研鑽をもとにした広い視野からの日蓮教学研究の成果であり、日蓮教学研究者の必読書である。

③茂田井教亨『日蓮教学の根本問題』（平楽寺書店、１９８１）

昭和中期以降、日蓮教学研究の中心であった著者は、「宗学研究者は学位と無縁であるべき」との信念を貫いたが、晩年、浅井圓道師がすべて設営し、学位論文として調えたのが本書である。哲学的思弁に立つ斬新な日蓮教学研究書。

【今後の学問研究及び自由意見】

近代～現代における日蓮教学研究の進展は著しいものがあるが、そのポイントとなる三書を挙げることとした。

伝統宗団の教義学は「宗乗」と呼ばれて来た。が、明治以降の「近代仏教学」隆盛とともに、伝統的「宗乗」にも客観的な方法が取り入れられ、「宗学」あるいは「教学」として位置づけられるようになった。客観的・俯瞰的な仏教学の研究も重要であろうが、信仰究明を目標とする求心的な教義学も、今後、一層重要視されるであろう。今後の伝統仏教の研鑽がどのように展開して行くのか、大きな課題と言えるのではなかろうか。

坂本　廣博

叡山学院学院長・天台宗勧学　（１９４３年生まれ）

【専門】中国仏教・天台学

【研究書３冊】

・木村泰賢『原始仏教思想論』（大法輪閣、１９６８）
・塚本善隆『北朝仏教史研究』（大東出版社、１９７４）
・前田惠学『原始仏教聖典の成立史研究』（山喜房佛書林、１９６４）

【今後の学問研究及び自由意見】

宗学にとらわれないこと。私自身は出来なかったが、インド・中国・日本にいたる幅広い研究の必要性を痛感する。

樫尾　直樹

慶應義塾大学　（１９６３年生まれ）

【専門】宗教学

【研究書３冊】

・井筒俊彦『意識と本質』（岩波書店、１９９１）
・湯浅泰雄『身体論』（講談社、１９９０）
・ケン・ウィルバー、松永太郎 訳『インテグラル・スピリチュアリティ』（春秋社、２００８）

【３冊に対するコメント】

重要な古典はたくさんあるが、言葉の真の意味での「比較宗教学」という観点から選んだ。規範的あるいは記述的な従来の宗教学の学問的枠内には、宗教研究にブレイクスルーをもたらす研究は管見によればない。井筒は意識の多層性モデルに基づく深く広い比較宗教学を実現した。湯浅は西洋哲学との対比とそこにおける位置付けから、長らく忘れられてきた身体（論）を復権させ横断的な汎宗教論を展開した。ウィルバーはライン・レベルなどの概念を導入した固有の進化論的比較宗教論から「宗教の驚くべき新しい役割」を指摘して普遍宗教論を提起した。

【今後の学問研究及び自由意見】

これまでのほとんどの宗教研究は、親鸞の「教行信証」という普遍的な宗教過程をモデルにすれば、「教」という思想、および「信」という信念・信仰にのみ関心を寄せて研究を積み上げてきたために、「教」と「信」の間にある「行」という実践を相対的に等閑視してきた傾向を否定することはできない。上記三冊に共通している、それとは異なった視座とは一言で言えば「実践論」的視座である。瞑想や修行といった実践に着目するという思考性は、西洋の学問的指向性との関係性から言えば、必然的に東洋的指向性を内含、示唆する。ポストモダニズム的コンテクストにおける言語論的転回の荒地果てる処とは、こうした実践論的転回以外にはない。これが今後の宗教研究だけではなくあらゆる学問研究に求められる道である、と私は考えている。

望月　海慧

（１９６２年生まれ）

身延山大学仏教学部教授

【専門】インド・チベット仏教

【研究書３冊】

・ランベルト・シュミットハウゼン『アーラヤ識』（国際仏教学研究所、１９９７）
(Lambert Schmithausen, Ālayavijñāna: On the Origin and the Early Development of a Central Concept of Yogacāra Philosophy, 2 vols, Tokyo: The International Institute for Buddhist Studies, 1997)

・デイビッド・セイフォート・ルエッグ『如来蔵と種姓の理論』（フランス国立極東学院、１９６９）
(David Seyfort Ruegg, La Théorie du Tathāgatagarbha et du Gotra: Études sur la Sotériologie et la Gnoséologie du Bouddhisme, Paris: École française d' Extrême-Orient, 1969)

・オスカー・フォン・ヒニューバー『インドにおける文字の始まりと初期の文字性』（フランツ・シュターナー出版、１９９０）
(Oskar von Hinüber, Der Beginn der Schrift und frühe Schriftlichkeit in Indien, Wiesbaden: Franz Steiner Verlag, 1990)

【3冊に対するコメント】

ランベルト・シュミットハウゼンの『アーラヤ識』は、瑜伽行派の文献だけでなく、膨大な量の文献調査で、仏教研究の方法論も提示している。

デイビッド・セイフォート・ルエッグの『如来蔵と種姓の理論』は、パーニニ文法に始まり、チベットの中観仏教までの著書の研究の一通過点でしかない。

オスカー・フォン・ヒニューバーの『インドにおける文字の始まりと初期の文字性』は、言語学・文献学だけでなく文字の成立についても論じている。

【今後の学問研究及び自由意見】

仏教学研究を振り返ると、かつては一切智者のような学者がいたが、研究領域が細分化された現代においては、一人の学者がすべての領域を見通すことは困難である。それは学問が深化したからだけでなく、読むべき文献も時代とともに増えてきたことによる。それでも、仏教学研究においては、インド学などの関連分野だけでなく、言語学、歴史学、考古学などの他分野の知識が求められる。欧米の仏教学者は、東洋学の基礎的知識を学んだ後に仏教学研究に進むために、日本の仏教学者のように自分の専門領域に研究が閉じられることはない。

それ故に、日本の仏教学者は欧米の研究者の研究方法を常に意識するべきであり、アメリカにおいてプサンやラモットらのフランス語の著書が英訳されているように、欧米の優れた研究者の著書も日本語で読まれるべきである。それによって、日本の仏教学研究の全体的なレベルアップに繋がるはずである。

桑谷　祐顕

叡山学院学監・教授
（1963年生まれ）

【専門】日本天台学

【研究書３冊】

①福田堯穎『天台学概論』（文一出版、１９６６）
②佐藤哲英『天台大師の研究』（百華苑、１９６１）
③渋谷亮泰編『昭和現存　天台書籍綜合目録』（法藏館、１９７７）

【３冊に対するコメント】

①大学に入った時、師匠より最初に手渡された一冊。30余年経った今も、手元の一番近いところに鎮座している。
②大学院に入って最初に購入した思い出の一冊。
③現在、研究生活を送るに際し、最も恩恵を被った一冊。

【今後の学問研究及び自由意見】

現在天台宗では、２０２１年6月4日宗祖伝教大師の一千二百年大遠忌を迎えるにあたり、その報恩謝徳のため、『天台学大辞典』の編集に取り組んでいる。我が天台宗は、宗祖将来の円密禅戒の四宗相承を旨とし、さらに浄土教や法儀・声明・悉曇等をも加えた総合仏教と称される。この度、『天台宗全書』『続天台宗全書』等々の刊行資料を多く盛り込み、従来にはない新しい『天台学大辞典』を制作しようという目論見が、今着々と進行している。

箕浦　暁雄

大谷大学文学部准教授
（1969年生まれ）

【専門】古代インド仏教思想研究／アビダルマ

【研究書３冊】

①荻原雲來・山口益『和譯 稱友倶舎論疏』（梵文倶舎論疏刊行會、１９３３―39）第1巻のみ荻原単著、第２・３巻は共著

漢語文献に基づく倶舎学の伝統が梵文写本の発見により再検証されることになった。これは、日本におけるその最初の翻訳研究である。ヤショーミトラによる『倶舎論』註釈書梵文を校訂し邦訳したこの研究は倶舎学の土台を再構築する契機となったという意味において重要である。いまや『倶舎論』本文とヤショーミトラの註釈書全体を日本語で読むことができる。校訂と翻訳は現在の知見に照らして修正すべきところがあるが、それでもなお明治以降に仏教基礎学たる『倶舎論』研究の新たな地平を開いたその出発点として記憶しておいてよい。

②多屋頼俊・横超慧日・舟橋一哉『佛教学辞典』（法藏館、１９５５）

辞書というものは無味乾燥なものと映るかもしれない。しかし、ここには豊かな思索の足場が組まれている。いかに生きればひとりの人間として豊かに生きたと言えるのか。この仏教の根本問題を共有しようとするとき、難解な仏教文献を読み解くのに必要な専門用語を体系的に示し、そうすることで我々に思索することを許してくれる。多くの初学者を仏教学の世界へと誘い、豊かな思索を根底から支えてきたという意味で、このような辞書が編纂されてきたことは、学問の成果として特筆すべきである。

③下田正弘『涅槃経の研究―大乗経典の研究方法試論』（春秋社、１９９７）

仏教学の領域において注意が払われてこなかった研究方法論上の様々な問題を指摘している。この研究が出たことにより、西洋哲学研究やキリスト教研究等と比べて、日本の仏教学が今どのような位置にあるのか立ち止まって眺め直してみなければならなくなった。専門性の高いすぐれた研究は多くあるものの、明治以降我々が辿ってきた学問研究における方法論上の反省を促すという意味において、比較的新しい研究として重要である。

【今後の学問研究及び自由意見】

仏教学の領域においては、新出資料の解読など基礎研究が必要不可欠である。他方、どの研究分野においても同様であるが、その時代の要請に応えることができるか否か社会のなかで厳しく問われている。社会状況が大きく転換した明治維新を経験した人たちと同じく、仏教学の「専門家」であるとはいかなることなのか、常に問い続ける必要がある。

スダン・シャキャ

（１９７２年生まれ）
種智院大学

【専門】インド・チベット・ネパール密教の思想・儀礼・図像

【研究書３冊】

①早島鏡正（監）高崎直道（編）『仏教・インド思想辞典』（春秋社、２０１３）

②頼富本宏『密教仏の研究』（法藏館、１９９０）

③堀内寛仁編著『初会金剛頂経の研究：梵蔵漢対照』（密教文化研究所、１９８３）

【３冊に対するコメント】

①は仏教およびインド思想に関するキーワードをそれぞれの専門家が分かりやすく解説している。さらに各々の解説の最後に参考文献を提示しているため、知識の拡大につながる。初心者から専門家まで気軽に使用できる参考書の一冊である。

②は密教の諸尊格を種々の密教文献の記述に基づいて分析した書物であり、これは日本をはじめ世界でも高く評価されている。図像の理解には文献研究が欠かせないことを示すこの文献は密教研究者にとっては必読書である。

③は日本の天台宗および真言宗の所依の経典である『初会金剛頂経』の梵文の校訂本である。その梵文写本はイタリアのトゥッチ博士によって１９３２年にネパールで発見され、その原典を堀内寛仁氏が校訂し、『初会金剛頂経の研究：梵蔵

漢対照』として出版された。密教研究の発展におけるこの校訂テキストの貢献は著しく、世界で最も引用される密教文献でもある。

【今後の学問研究及び自由意見】

現在の仏教研究において、日本で出版されている日本語による研究成果を無視することは出来ない。日本で行われている研究が世界をリードしていると言っても過言ではない。そのため、今後世界の多くの研究者も利用できるように欧米文などでその研究成果を公開することや和文の場合は少なくとも欧米文などのサマリーを付けることが増えれば、仏教研究の促進にさらなる貢献をすることができると考える。

磯岡　哲也

淑徳大学学長

（１９５５年生まれ）

【専門】宗教社会学

【研究書３冊】

①森岡清美『真宗教団と「家」制度』（創文社、１９６２、１９７８〔増補版〕／新版：法藏館、２０１８）

②井上順孝『教派神道の形成』（弘文堂、１９９１）

③西山茂『近現代日本の法華運動』（春秋社、２０１６）

【３冊に対するコメント】

①実態調査と文献資料による歴史研究を併用し、真宗系諸教団の社会構造を、「家」制度の視点から分析した我が国の代表的な宗教社会学研究である。教団の基礎的構成単位を個々の寺院に求め、住職の世襲制に着目して寺院を檀家群の家連合と捉え、教団を、本山住職家を棟梁とする譜代の主従関係と見る。これにより寺院については寺檀関係、教団については本末関係という構造軸を、家関係として分析することに成功している。

②教派神道概念を、近代の教団神道の一類型を示すものとして再規定し、教派神道と神道系新宗教の二類型とする。組織原理としては、教祖によって創唱された神道系新宗教は「樹木型」、伝統的神祇信仰を前提とする教派神道は「高坏型」とした。本書では、神習教、神道修成派、神道大成教、神理教について、未公開の教団資料や明治期の宗教行政資料に基づ

いて詳しく分析される。このなかで、社会システム論を援用・展開させた「宗教システム」の概念が提示されている。

③森岡清美の研究姿勢を引き継いだ著者による40年間かけた近現代の法華運動論の集大成。明治から戦前までの日蓮主義運動の「顕密性」と、主要な法華系在家教団の「内棲宗教性」を克明に描き出すとともに、内棲宗教の自立化についても詳論した。本門仏立講、法音寺、創価学会などを事例に、宗教運動論の視点から「文献実証主義」の方法によって「周辺性のもつ思想形成力や教学革新力」に着目しつつ分析されている。

【今後の学問研究及び自由意見】

①グローバル化、高度情報化、国内の人口減少と少子高齢化、国際関係の変化、遺伝子レベルの技術の進歩等々人間社会を取り巻く変動と宗教現象なるものの変化を、研究が捉え切れていない。思いつきの気の利いたコメントを発してよしとするのではなく、今こそ基礎的なデータ収集につとめることが大切だと思います。

②今後、我が国の大学は、「連携」という新しいあり方を模索する時期に入っていきます。大学に足場を置く研究者はその影響を免れ得ず、宗教研究者も多様なレベルでの「連携」を模索することになると思います。ことに、より期待される教育者としての役割との「連携」、あるいは「学生に還元されるべき、教育のための研究」に取り組むことになると思われます。

花野　充道

法華仏教研究会主宰

（1950年生まれ）

【専門】日蓮教学、日本仏教思想

【研究書3冊】

①浅井要麟『日蓮聖人教学の研究』（平楽寺書店、1945）

②田村芳朗『鎌倉新仏教思想の研究』（平楽寺書店、1965）

③末木文美士『鎌倉仏教展開論』（トランスビュー、2008）

【3冊に対するコメント】

①は、それまでの日蓮教学研究を一変させた画期的な著作。日蓮遺文と中古天台教学との関係を論じて、日蓮の思想史研究の端緒を開いた。

②は、中古天台文献の成立年代を提示し、天台本覚思想との関係から、親鸞・道元・日蓮などを思想史学の視点から論じている。

③は、同氏『鎌倉仏教形成論』（法蔵館、1998）の姉妹編。日本仏教研究の方法論を提示し、思想史学の立場から鎌倉仏教全般を論じている。

【今後の学問研究及び自由意見】

今日、日本仏教の学際的な研究の必要性が叫ばれているが、専門を異にする学者間の交流は進んでいない。天台学などは、宗派を超えた学者が集って議論されているが、親鸞学、道元学、日蓮学などは、宗派以外の学者の姿をほとんど見かけることはない。それは、それらの祖師研究が宗学の方法論を用いているからである。宗門大学は宗派の僧侶の育成機関という側面をもっているから、祖師を相対化して批判的・客観的に考察する視点が弱い。思想史学の立場に立って、日本仏教の思想史的展開の中に祖師の思想を位置づけて考察すれば、専門を異にする学者間で議論が成立するであろう。たとえば、日蓮が覚鑁の『五輪九字明秘密釈』を書写していることから、日蓮の曼荼羅思想を真言宗や天台宗の密教学者を交えて議論することである。日本仏教の思想を研究する学者は、宗門大学が圧倒的に多いのであるから、思想史学の方法論を用いて、お互いに相手の祖師の思想にまで踏み込んで議論し合う必要性を痛感している。

那須　英勝

龍谷大学文学部教授

（１９６１年生まれ）

【専門】真宗学・宗教文化史・アメリカの仏教など

【研究書３冊】

・倉田百三『出家とその弟子』（新潮文庫など、初出は１９１７）

・三木清『親鸞』三木清全集（岩波書店など、初出は１９４６）

・鈴木大拙『浄土系思想論』（法蔵館など、１９４２）

【３冊に対するコメント】

親鸞思想研究という視点から、近代１５０年の日本の仏教学・宗教学の展開をみたとき、重要だと思われる三冊をあげてみました。まず倉田百三の『出家とその弟子』は学術書ではありませんが、戦前・戦後を通して、宗派を超えて広く読まれ続けている一冊です。二つ目の三木清の『親鸞』は親鸞研究のみならず、戦後の日本宗教思想史研究の出発点であったと評価されています。また最後の鈴木大拙の『浄土系思想論』は、浄土教思想のみならず日本仏教思想研究の国際化に繋がる役割を果たしたところが重要であると思われます。

【今後の学問研究及び自由意見】

個別のテーマについての研究は非常に充実してきましたが、学際的・国際的な仏教・宗教研究や、宗教間対話を含む実践的な研究については、まだまだ発展途上・未開拓な領域であり、今後の若手の研究者の活躍が期待されるところです。

正木　晃

宗教学者

（1953年生まれ）

【専門】 宗教学（密教学）

【研究書3冊】

①宇井伯寿『根本仏教概観』（大東出版社、1940）

②松長有慶『密教の歴史』（平楽寺書店、1969）

③立川武蔵『空の思想史』（講談社、2003）

【3冊に対するコメント】

①ブッダが説いた「無我」とは「我がない」という意味であり、「我」は霊魂を意味しているので、「無我説」はすなわち霊魂の否定であるという主張は、以後の仏教学に絶大な影響をあたえた。その功罪は、きちんと総括される必要がある。

②密教の全体像を、インドからチベット、さらに日本まで、客観的かつ構造的に論じた書物としては、空前絶後であり、いまだ凌駕するものは見当たらない。

③大乗仏教の根本とも言える「空」が、じつは歴史的にも地域的にも、きわめて多岐にわたるコンセプトであり、一括できない事実を論証した点において、特筆すべき業績といえる。

【今後の学問研究及び自由意見】

わたしが現在、取り組んでいる領域は、密教を、21世紀に生きるわたしたちの心身両面にわたる糧として、再生させることである。そのためには、伝統を重視しつつも、かなり思い切った変容が欠かせないと考える。その一端は、ＮＨＫのＥテレで、４月から９月にかけて放映される予定の「こころの時代　マンダラと生きる」において、披瀝したいと思う。また、「宗教はなぜ戦うのか。なぜ人を殺すのか」というタイトルを立て、現代社会における宗教の功罪を論じている最中である。

望月　真澄

身延山大学仏教学部長・教授
（１９５８年生まれ）

【専門】日本仏教史、日蓮教団史

【研究書３冊】

①立正大学日蓮教学研究所編『日蓮教団全史　上』（平楽寺書店、１９６４、１９８４〔第六刷〕）

②宮崎英修『日蓮宗の祈禱法』（平楽寺書店、１９８０）

③中尾堯『日蓮信仰の系譜と儀礼』（吉川弘文館、１９９９）

【３冊に対するコメント】

①は、日蓮教団史を研究するものにとって必読書であるが、書名に「上」と付けられている通り、中巻または下巻を考えての書名となっている。初版が刊行されてから現在まで既に半世紀以上の年月を経過しているが、未だ続巻は刊行されていない。よって、現時点においても日蓮教団史研究の基本書としての位置を保ち続けている。当然のことながら、同書刊行以降に教団史研究は進展しているので、研究者の手によって増補改訂され、同書に記されていない豊臣秀吉時代以降の事項が続刊に記されていくことを期待する。

②は、日蓮宗に展開した加持祈禱について、未だ世に知られることがなかった身延積善坊流祈禱相伝書類を紹介し、日蓮以来の祈禱法を体系的に論及された書である。日蓮宗の布教は言説布教と祈禱布教を主軸に展開してきたが、布教者＝祈禱者という概念から教団の発展を捉えている。

③は、日蓮を祖師と崇める「祖師信仰」を主題とし、平安時代の「聖」の観念から中世・近世・近代といった時代とともに生き続ける祖師信仰を取り上げ、民俗学の成果を援用し、新たな見解を提示している。それは日蓮の生涯における霊験譚と地域における信仰習俗の融合であり、仏教史の研究視角として学ばなければならないであろう。

【今後の学問研究及び自由意見】

近代以降の日本仏教史研究は、文献資料やデータの翻訳・解釈を基礎研究として進展してきた。私が研究する日蓮教団史の分野においても、地方の仏教資料の調査や寺院資料集の刊行に依拠するところが大きいといえる。ところが、未だ翻刻されていない貴重な資料も全国各地に眠っており、これらを発掘することにより、仏教宗派の歴史や教団構造が解明されるであろう。

私が研究対象とする日蓮宗総本山身延山久遠寺に身延文庫という寺院文庫がある。そこに所蔵される文書・絵画・仏教典籍類の目録は刊行されているが、個々の資料の翻刻はあまりなされていない状況である。これらの資料群は、仏教学、日蓮教学・教団史の分野以外に国文学、歴史学、社会経済史、美術史他といった幅広い分野の研究素材となるものもある。そこで、今後さまざまな分野の研究者の手によって資料紹介され、さらに学問研究がなされていくことを期待したい。

石井　清純

駒澤大学仏教学部教授・禅研究所所長
（1958年生まれ）

【専門】曹洞宗学

【研究書3冊】

①榑林皓堂編『道元禅の思想的研究』（春秋社、1974）

②鏡島元隆『道元禅師と引用経典・語録の研究』（木耳社、1965）

③石井修道『宋代禅宗史の研究―中国曹洞宗と道元禅』（大東出版社、1987）

【3冊に対するコメント】

①『正法眼蔵』の研究を、それまで否定されていた「公案」という観点から行ったもの。

②道元禅師の引用を原典に遡って確認することによって、その解釈の特殊性を明確化したもの。

③宋代の曹洞禅の思想を明確化し、その日本への影響について道元禅と対比的に論じたもの。

【今後の学問研究及び自由意見】

このたびの企画にお声をかけていただいたことを感謝申し上げます。

私の専門とする道元研究についていえば、明治時代になってもたらされた西洋哲学の研究者たちが『正法眼蔵』に多大なる興味を示したことによって、「曹洞宗学」という枠組みとは別に、哲学的観点からの解釈が行われるようになりました。

その刺激のもと、曹洞宗学自体にも、宗教学・仏教学の手法を取り入れ、自らを改革する動きが生まれます。今回は、戦後の展開の中で、宗派の枠組みを超えた研究方法を取り入れた書籍を3点選択しました。

現在、人文社会科学は、文部科学省の施策によって岐路に立たされています。しかし、モノだけでなく、真の豊かさのためには、ヒトを見据える学問の重要性は変わりなく存在しなければなりません。

現在、新たな人文学の展開として、デジタル化テキストのマークアップ等、付加価値の追加による新たな解析方法が模索されています。今回紹介した②および③は、そのような流れの基礎となる分析を、デジタル化以前に試みたものといえます。私たちは、伝統の重みをしかと受け継ぎ伝えるため、今後も新たな可能性を模索し続けなければいけないと考えています。

吉村　誠

駒澤大学仏教学部
（１９６９年生まれ）

【専門】中国仏教（唯識学）

【研究書３冊】

①常盤大定『仏性の研究』（東京丙午出版社、１９３０／再録：国書刊行会、１９７３）

②結城令聞『心意識論より見たる唯識思想史』（東方文化学院東京研究所、１９３５）

③深浦正文『唯識学研究』上下（龍谷大学出版部、１９３３―34／再録：永田文昌堂、１９５４／大法輪閣、２０１１）

【３冊に対するコメント】

①はインド・中国・日本にわたる仏性論争を俯瞰した名著。唯識思想と如来蔵思想の交渉が、東アジアの仏教思想史を形成したことを知らしめる。著者は『支那仏教の研究』全３冊（春秋社、１９３８―43）で中国仏教の研究方法を確立、横超慧日『中国仏教の研究』全３冊（法蔵館、１９５８―79）など以後の研究に多大な影響を与えた。

②は唯識・法相宗の伝統教学を踏まえながら、近代仏教学の研究方法に基づいて唯識思想史を論じた画期的著作。著者の中国唯識に関する卓越した研究は、『結城令聞著作集第１巻唯識思想』（春秋社、１９９９）に収められる。その研究方法は、勝又俊教『仏教における心識説の研究』（山喜房佛書林、１９６１）などに継承された。

③は唯識・法相宗の伝統教学を、近代仏教学の分析的手法によって叙述した大著。上巻の教史篇と下巻の教義篇からなり、唯識の歴史と思想を詳細かつ明快に概説する。教義の理解は、法相宗で正当とされる『成唯識論』の護法説に基づくものである。長く入手困難であったが、近年再録が刊行され入手しやすくなった。

【今後の学問研究及び自由意見】

中国唯識思想史の分野に限って座右の3冊をあげた。いずれも昭和初期の著作であることは、この分野が著しく発展した時期を示している。その後、これらの研究を基礎としてより詳細・正確な研究がなされ、敦煌文書や日本古写経などを利用した研究も発達して、従来の研究成果が修正ないし補完されてきた。しかし、大局的見地からすれば、現在の研究も、これら先駆的研究の方法や思想史の枠組みの中にあると言える。今後は研究方法のさらなる開発と、新しい思想史の見取り図の提示が期待される。

和田　壽弘

名古屋大学人文学研究科教授
（1954年生まれ）

【専門】インド哲学

【研究書3冊】

①北川秀則『インド古典論理学の研究—陳那（Dignāga）の体系』（鈴木学術財団、1965、1973〔第二版あるいは新装版〕）

②梶山雄一・上山春平『空の論理〈中観〉』（角川書店、1969、1997〔第二版あるいは新装版〕）

③立川武蔵『中論の思想』（法藏館、1994）

【3冊に対するコメント】

①インドにおいて「仏教論理学」と呼ばれる体系の基礎を確立したディグナーガの主著『集量論（じゅりょうろん）』を分析し、彼の論理学の大系を解明しました。「緻密な文献学」の代表のような研究書ですが、優れたインド論理学の入門書でもあります。

②ナーガールジュナの主著『中論』を中心とした中観思想の概説書ではありますが、体系的記述は極めて有益です。あわせて、仏教全体への優れた入門書です。

③ナーガールジュナの主著『中論』研究をきっかけとして、緻密な文献学研究を補うものとして宗教哲学・宗教現象学の手法を導入した研究です。新たな研究方法として注目して良いと思います。

【今後の学問研究及び自由意見】

仏教学に限らずインド哲学の分野でも感じることが2点あります。⑴緻密な文献学的な研究が必要であることはいうまでもありませんが、現代は、他の研究分野の手法も取り込んだ、あるいは対話を念頭に入れた研究が求められているのではないでしょうか。⑵文献学的手法に強くこだわると、操作概念を用いた研究がしにくくなります。有効な操作概念を用いることによって、研究対象の「古典文献」と現代の我々との接点も見いだせることがあります。客観性を追求するあまり、操作概念という「人為的なもの」を通して行うことを好まない研究が、この三～四十年では優勢だったような気がします。研究史の中で、二つの研究態度の間には「揺れ」がありました。これまでにどちらか一方の優勢は、社会的要請によるものなのか、研究者の無意識によるものなのかは分かりませんが、実は両態度はコインの裏表のような関係にあって、共に重要と考えます。

坂詰　秀一

（１９３６年生まれ）
立正大学名誉教授

【専門】仏教考古学

【研究書３冊】

①石田茂作『佛教考古学論攷』全６巻（思文閣出版、１９７７―78）

②中村元編著、奈良康明・佐藤良純著『ブッダの世界』（学習研究社、１９８０）

③樋口隆康編『バーミヤーン―アフガニスタンにおける仏教石窟寺院の美術的考古学的調査』（同朋舎出版、１９８３―84）

【３冊に対するコメント】

①は、仏教考古学の体系を確立した著者の論文集（寺院・仏像・経典・仏塔・仏具・雑集の6冊）。今後における仏教考古学の指針的業績である。

②は、日本人学者による釈迦の遺跡について総括的にまとめた画期的な業績。豊富な写真、内外の研究者の知見を網羅した著作として重要である。

③は、京都大学アジア学術調査の報告書として重要。破壊された東・西大仏７５０の石窟の実測図と現状写真を収めた貴重な研究書である。

【今後の学問研究及び自由意見】

仏教の考古学的研究は、イギリス・フランスなどの学者によって実施されてきたが、「仏教考古学」として体系化する一方、仏教石窟寺院を中国・パキスタン・アフガニスタンなどを対象に実施し、大きな成果を挙げてきた日本の考古学界にとって、対象と地域を拡大しての調査研究が期待される。仏教関係の文物の研究を目的とする分野の進展は、仏教研究の深化として注目される。

三輪　是法

立正大学仏教学部教授

（1964年生まれ）

【専門】日蓮教学・仏教心理学

【研究書3冊】

・望月歓厚『日蓮教学の研究』（平楽寺書店、1958）

・執行海秀『日蓮宗教学史』（平楽寺書店、1952）

・鈴木一成『日蓮聖人遺文の文献学的研究』（山喜房佛書林、1965）

【3冊に対するコメント】

日蓮仏教を近代以降の学問的手法によって研究した書である。この三氏の研究を基盤として、現代にまで日蓮教学研究は連綿と受け継がれているといえるであろう。

【今後の学問研究及び自由意見】

仏教学と仏教がだいぶ乖離しているように思える。これは仏教学という学問・研究分野と仏教を布教する現場との関係、あるいは理論と実践の関係が離れているということになるのであろう。仏教学が学問である以上、専門性が高いことは仕方ないにしても、日本文化に影響を与えてきたと考えられている割には、一般に普及するような教養的要素が乏しいと思う。仏教を研究対象とするだけでなく、大乗仏教であるのだから、仏教学を現実に生かす方法を考える必要があるだろう。

川橋　範子

名古屋工業大学教授　（１９６０年生まれ）

【専門】宗教学、文化人類学

【研究書３冊】

・ニューサム・キャロル・A、シャロン・H・リンジ他編（加藤明子他訳、荒井章三他監修）『女性たちの聖書注釈―女性の視点で読む旧約・新約・外典の世界』（新教出版社、１９９８）

・田上太秀『仏教と女性―インド仏典が語る』（東京書籍、２００４）

・中村生雄『肉食妻帯考』（青土社、２０１１）

【今後の学問研究及び自由意見】

昨今の、宗教の公益性や社会貢献を賞賛する言説の渦の中で、宗教研究者と宗教者には、宗教の抑圧性や性差別の歴史を厳しく見据え、自己批判と自己再帰性の態度を持ち続けることが強く望まれているのではないか。この3冊は、そのための座標軸を提示している。

師　茂樹

花園大学文学部教授　（１９７２年生まれ）

【専門】仏教学・人文情報学

【研究書３冊】

①大西祝（はじめ）『論理学』（警醒社、１９０３）

②武邑尚邦『因明学―起源と変遷』（法藏館、１９８６／新装版：２０１１）

③桂紹隆『インド人の論理学』（中公新書、１９９８）

【３冊に対するコメント】

この三冊は因明／仏教論理学に関するものである。またいずれも、中国語に翻訳されたという共通点がある。玄奘らの漢訳によって東アジアにもたらされた因明学は、日本では奈良時代から明治時代前半まで連綿と続いてきた。しかし二〇世紀に入るとサンスクリット文献などが紹介され、漢訳文献に基づいた因明学は顧みられなくなった。近年、日本やヨーロッパのインド論理学の研究者によって〝再発見〟され、国際的な共同研究が進みつつある。

①は同志社出身のキリスト者であった西洋哲学者の講義録である。本書は第一篇「形式論理」と第三篇「帰納法大意」に挟まれて第二篇「因明大意」を有し、西洋論理学と因明とを批判的に統合した「新しい論理学」を構想して書かれたものである。本書の存在は、明治までの因明学が、現在のような文献学中心ではなく、論理学の一翼を担っていたことを示

唆する。実際、①の翻訳などによって近代以降に復活した中国の因明学は、現在、中国論理学会の一セクションを占めている。②は日本の因明学の歴史や文献を網羅的に扱ったものであるが、中国の因明研究者からしばしば引用される名著である。③はインドの仏教論理学研究を日本のみならず、国際的な場で牽引してきた泰斗による入門書である。桂氏は綿密な文献学とともに、論理学者、哲学者との対話も積極的に行ってきた。

仏教学が哲学になる必要はないが、様々な哲学的伝統から対話が求められていることもまた事実である。文献学的な厳密さばかりに拘泥することなく、方法論的な寛容さに基づいた外部との対話が求められているように思われる。

松本　峰哲

種智院大学人文学部

（1971年生まれ）

【専門】インド密教

【研究書3冊】

①**松長有慶『密教経典成立史論』**（法藏館、1980）
②**栂尾祥雲『後期密教の研究』**（臨川書店、1989）
③**頼富本宏『密教仏の研究』**（法藏館、1990）

【3冊に対するコメント】

①は、かつて左道密教と呼ばれ、ある意味差別的扱いを受けていた後期インド密教が正当に評価されるようになった貴重な研究であると思います。

②は、あまり知られていなかった後期インド密教経典の内容を世間に知らしめた、画期的な和訳研究であったと思います。

③は、インド密教研究において文献研究とフィールドワークの両面からのアプローチという研究方法を提示し、その後のインド密教研究に大きな影響を与えた名著だと思います。

【今後の学問研究及び自由意見】

仏教学の世界でも近年実学的なものが重要視されがちですが、文献学にもまだまだ大きな可能性があると思っています。

山崎　龍明

武蔵野大学名誉教授

（1943年生まれ）

【専門】仏教学・真宗学

【研究書3冊】

①山田龍城『大乗仏教成立論序説』（平楽寺書店、1959）

著者は寺門に生を享け、幼少期から経典は「たたみ」などの上に置くものではなく、身を清めてからでないと手にしてはならないと躾けられた思い出を語っている（はしがき）。

経典は内容等々の問題ではなくして、敬い頂戴するものとしてあったのである。したがって経典研究に対しては「背後にはなにか目に見えないブレーキがあって仏教学研究者の批判的精神をこごらせていたのかもしれない」（はしがき）と述べている。

経典が仏教者によって絶対視され「げだつ」（自由）と「ねはん」（平和）を理想とすることは、好ましいこと、としながら、「しかし中味をぬきにした形だけの権威が、幅をきかせるようになるならば、批判的精神を麻痺させ、特に大乗仏教のねらいであった人間尊重の精神をさえ、無視することも起こりかねないのである」（同）と指摘する。

このあたりに氏の経典研究の基本的視座があるといえよう。私が修士論文に於いて「大乗仏教運動と親鸞浄土教の共通性」を選んだのも本書の影響であり、多大なる学恩を頂戴した。本書は学術刊行書でありながら実に判り易い、それは著者の類い希な筆力のなせる業と推察する。

第一部「大乗の意味」を説き起こし、「大乗菩薩道の史的研究」に於いて、「大乗の意味」を説き起こし、「アゴンの修行道」「アビダルマの声聞道」「初期大乗の経典」について論じ「般若」「華厳」経を通して「菩薩道の内容」を明確化している。

第二部「大乗仏教研究の諸問題」として「大乗思想の根底」では大乗小乗の呼称について、大乗が優れ、小乗が劣っているといった態のものではないことを洞察している。

以下「経典成立の基盤」「原始教団の背景」「部派教団の背景」「初期経典の背景」「後期経典の背景」といった論考の中で困難な大乗経典の解明を試みている。

膨大な資料に基づく本書について詳細に紹介することは紙幅の関係上おゆるしいただきたい。大乗仏教興起をめぐる本書は斯界随一といってもよい著作である。

②石田瑞麿『日本仏教思想研究』全5巻（法藏館、1986—87）

著者は日本仏教における「戒律」の研究者である。しかし、そのフィールドは実に広い。仏教に詳しいものは文学に弱く、文学に精通する者は仏教に疎いといわれるが著者はその両様に精通する数少ない学究である。本書全5巻が、まごうことなくそのことを語っている。『日本仏教思想研究』（1、2）は「戒律の研究」である。鑑真渡来以前の日本の「戒律」から説きおこし最澄、円仁、円珍を通して、鎌倉期の戒律、南都戒に及んでいる。2は日本仏教における戒律思想を具体的に詳述する。3は「思想と歴史」として、聖徳太子、行基、最澄の挺身、口伝法門関係、日本の阿弥陀信仰等々の諸論考である。4は「浄土教思想」と名づけて日本浄土教史上貴重な源信の『往生要集』をはじめ「源信」「法然」「親鸞」について詳細な論考が収められている。浄土教研究の分野でも著者は屈指の業績を残している。5は「仏教と文学」のジャンルである。その(1)は「中世、仏教説話の考察」として『宝物集』雑考」、以下4点を収める。(2)は「仏教と文学の交渉」として、『往生要集』『今昔物語』『梁塵秘抄』等々と文学との関わりを示し、他に『歎異抄』と「書簡」などが収められている。文学に造詣の深い筆者にして果たし得る「仏教と文学」の交渉史である。私事で恐縮だが、研究方法の違いから西本願寺の研究所（伝道院研究部東京支所。当時築地本願寺内）を半ば解雇された私たちは、研究主任であった著者のお宅で研究会を持ち膝下のご指導を戴いた。その学恩も忘れ難いものである。

③福嶋寛隆編『日本思想史における国家と宗教』上下巻（永田文昌堂、1999）

編者の門下生だけでなく、幅広くご指導いただいた31名の論考である。あとがきに「還暦を迎えるはずだからそれを機に論文集の刊行を計画したので承知せよ、ということである」と示されている。

麗々しいことを極端に嫌われる編者の論文集である。世話人代表の平田厚志龍谷大学教授（当時）等のご労苦が拝察される。それだけに本書の存在が占める位置は大きいものがあるといえよう。

編者は近代日本の仏教史、思想史、という領域において数多くの論考を発表され、私たち末学を裨益し、学問に対する厳しさと、人間の優しさを教えて下さった。

本書31篇の筆者は「過去の仏教にまつわる事象をあれこれ解釈し、拾い集め、羅列する〈客観性〉を許さない実践性である。この実践性の回復とそこからの方法的反省とこそは、混迷を深めつつある昨今の仏教史研究を甦らせる唯一の途であり、さらには、それは、もっとも有効な現実批判の方法としての仏教史研究に導かずにはおかない」と指摘する編者に啓発された者である。

さて、上巻所収の論考は「日本に於ける信教自由の成立と「寛容」の問題—木下尚江と毛利柴庵の往復書簡をめぐって—」「水平者運動の展開—西光万吉を中心に—」「もう一つの反宗教運動覚書」「三木清における「仏法」と「世間」—「世間」を生きる根拠としての仏教—」「矢内厚忠雄と国家神道」「本願寺教団における戦争責任の諸問題—所謂「各種審議会」と「学識者」の役割—」「近代日本における思想的課題（二）—丸山真男の「遺産」をどうとらえるか—」。これらの論考を含め16篇が収載されている。

以上の論考では、近代日本における、国家、宗教、戦争等々について多面的な視点から問題点を剔抉している。下巻では「「国家仏教」見直し論の行方—古代仏教思想史研究の現況と課題—」「親鸞—その信とそれにもとづく社会的ありようについて」「蓮如の信仰とその実践性—真宗信仰の変容—」「近代天皇制下の真宗—島地黙雷の神道観を手掛かりとして—」「初期啓蒙期における福沢諭吉の宗教理解—「文明論之概略」を中心に—」。

「われわれが従ってきた学問はその根底から検討をせまられている。いまだその行きつく先はさだかでないが、我々はこれまでも大勢にほとんど背を向けてきたのであり、これからもその道を歩み続けるしかあるまい」（あとがき）。ここに編者の学問に対する明確な視座がある。論考の一々について卑見を披歴する能力のないことを悲しむ者であるが、しかしすくなくとも「近代日本の国家と宗教」を考える上で本書の多面的な諸論考は多くの示唆に富むものであることは言を俟たない。

【今後の学問研究及び自由意見】

学問研究と称して現実を徒に無視し、あるいは無化する方向は果たして正しいものといえるであろうか。

学問研究にとって、現実が単なる現象に過ぎないものとして捨象されるなら、それはあまりにも不充分だと考える。つまり、学問は学問、現実は現実と分断化するなら、その学問というものの内実が問われるであろう。

特に「宗教」という領域、「宗教研究」という領域になると、それが顕著になるのではないか。私自身「日本仏教史における宗教と社会」という領域を中心として研究をしてきたが、そこでは常に「宗教」というものの視座が問題となってくる。

つまり「世俗」との距離である。「宗教」というものの本質は「世俗」の相対化ということにある。このことを措いて「宗教」というものの尊厳はないといっても、過言ではない。さて、従来「宗教研究」という領域にあっては宗教そのものの研究という一面が強かったのではないか。それも重要である。他方、それが社会にもたらす意味。国家との関係のありよう等々幅は広い。

過去の仏教にまつわる事象をあれこれ解釈し、ひろい集め、羅列する「客観性」を許さない実践性である。この実践性の回復と、そこからの方法的反省とこそは、混迷を深めつつある昨今の仏教史研究を甦らせる唯一の途であり、さらには、それは最も有効な現実批判の方法としての仏教史研究に導かずにはおかないのである

・福嶋寛隆「仏教史研究における実践性の回復を」（『仏教史研究』６号、１９７３年）

20代後半に接したこの論文が私の「仏教研究」という学びの方向を転換させた。「仏教研究における実践性の回復」。たえざる実践性の回復への志念。皮相的な「実践」主義などではなくあらゆる観念論を打破する「実践性」こそ、斯学の未来を開くものとなる筈である。

千葉　公慈

駒沢女子大学人間総合学群教授　（1964年生まれ）

【専門】インド仏教

【研究書3冊】

①長尾雅人『中観と唯識』（岩波書店、1978）
②山口瑞鳳『チベット』上・下（東京大学出版会、1988）
③袴谷憲昭『本覚思想批判』（大蔵出版、1990）

【3冊に対するコメント】

①ゴータマブッダの根本思想が、いかにして中観・唯識両学派の哲学へと展開したのかを提示された極めて重要な一冊です。インド大乗仏教を学ぶ者にとって、不朽の名著と言えるでしょう。学生時代には擦り切れてばらばらになり、購入しなおしたほど熟読した思い出があります。

②現在のチベット仏教研究の礎を築かれた山口瑞鳳博士。その博士のご功績は、仏教学の研究史にとって、大きな足跡のひとつです。『チベット語文語文法』（春秋社）などによって文献研究の道を開かれた上、「チベット仏教」という存在を正しく世に知らしめた偉大な業績として本書を回答します。

③袴谷憲昭先生による『批判仏教』などの一連の著作、さらには松本史朗先生による『縁起と空』など、いわゆる本覚思想とは何かという一大議論を巻き起こした契機の一冊です。当時の学生であった私にとって、今もなお色あせない金言にあふれています。個人的には、デカルトの『方法序説』にも似た研究姿勢の根本を明かしてくれるものですが、長い仏教研究史においても、特異の存在として刻まれるべき名著だと思います。

【今後の学問研究及び自由意見】

19～20世紀は明らかにキリスト教文化を中心とする西洋文明が牽引する時代でした。しかし近年は、テロや紛争の続発、難民の急増、資本主義経済の疲弊、先進各国の保護主義政策など、いよいよ昏迷の様相を呈しています。そうした21世紀の現実を目の当たりにして、人工知能、いわゆるＡＩ時代を迎えつつも、私たちはさらなる理想的人間社会を構築するパラダイムシフトが求められているものと俯瞰されます。産業革命以来の価値観を真の意味で乗り越えて、イスラーム文明、そして仏教を含むインド・中国文明の知によって、哲学および宗教思想におけるグローバルな研究と対論が一層進められ、政治・経済・道徳・芸術等の文化全般に対して、人類のあるべき道程を社会に提示していく必要があると考えます。こうした宗教界すべてにつきつけられた重大な課題と解決について、仏教学研究がその一翼を担っていくものと期待しています。

間宮　啓壬

身延山大学仏教学部教授
（１９６３年生まれ）

【専門】日蓮学・日本法華仏教史

【研究書３冊】

①高木豊『日蓮―その行動と思想―』（評論社、１９７０／増補改訂版：太田出版、２００２）
②ルードルフ・オットー著・華園聰麿訳『聖なるもの』（創元社、２００５）
③田村芳朗・新田雅章『智顗〈人物 中国の仏教〉』（大蔵出版、１９８２）

【３冊に対するコメント】

①日蓮の伝記と思想の基本を、学術的に過不足なく押さえようと思うならば、今でも、高木先生によるこの本の右に出るものはない、と思っています。もちろん時代的制約はありますが、増補改訂版の方には、高木先生ご自身が内容を補訂した論文も収められています。私自身、大学2年生の時に読んで、日蓮研究を志す原点となった本です。

②言わずと知れた宗教学の古典的名著です（原著の出版は１９１７年）。方法論や内容に関しましては、既に疑義や限界が指摘されていますが、「宗教」を他の領域には還元できない「固有」の領域とみなし、その本質に迫っていこうとする記述は、やはり迫力があります。「宗教」に対する基本的視座を獲得するという意味では、私自身、影響を受けました。岩波文庫から山谷省吾訳も出ておりますが、ご自身のオットー研究を踏まえて、実に読みやすい日本語訳を提供された華園先生の訳がお勧めです。華園先生よる「あとがき」も秀一。

③日蓮研究に、天台学の知見はどうしても欠かせません。特に、天台大師智顗の思想に関する基本的知識なしで日蓮研究を進めることは不可能です。ところが、智顗の思想と生涯の基本を、過不足なく、しかもわかりやすく伝えてくれる仕事が、なかなか見当たらない。いきなり重厚な専門書では、入っていくこと自体が難しくなってしまいますし、読みやすそうなものでも、扱いに偏りがあったりします。そんな中で、新田先生・田村先生によるこの本は、「過不足なく、しかもわかりやすく」という難しい要求を満たしてくれ、お勧めです。

【今後の学問研究及び自由意見】

私にとってコアの専門である日蓮研究に限って記します。日蓮研究は今や、大学という枠を超えて、各派の現場の僧侶や信徒で志のある方々が、本格的かつ注目すべき研究を生み出しつつあります。常圓寺日蓮仏教研究所の『日蓮仏教研究』や、法華仏教研究会の『法華仏教研究』、興風談所の『興風』などにその傾向が顕著であり、そこに論稿を寄せる方々が、日蓮研究に活気を与えつつあります。私自身、大学に籍を置く者として頑張らなければならないなと思いますが、ただ、こうした傾向は、日蓮研究にとってとてもよいことなのだと思っています。と申しますのも、今も記しましたように、日蓮研究に活気がもたらされるとともに、従来、研究の広がりや深まりをややもすれば阻害してきた縦割り分野の壁が壊されつつあるからです。このように、日蓮研究は今や、従来の縦割りの中に閉じ込められるものではなく、各分野の諸成果に幅広く目を配り、それらを能う限り咀嚼・吸収するものであることが求められるようになってきております。
こうした状況を、私自身もきちんと踏まえられるように心掛けたいと思っております。その上で、宗学や思想史学などの従来の枠組みには必ずしもとらわれず、日蓮の「宗教」を、能う限り日蓮自身に即してとらえられる方法・成果に迫るべく、研究の歩みを進めてまいりたいと考えております。

西村　実則

大正大学教授

（１９４７年生まれ）

【専門】初期僧院生活、インド部派、近代

【研究書３冊】

・渡辺海旭『欧米の仏教』（『壺月全集』上 所収、大東出版社 １９３３／初版：１９１８）
近代においてデンマーク、イギリス、ドイツ、フランスを中心に仏教聖典が学問的に研究され始めた。そのいきさつを渡辺はドイツに十年留学していた間、当地の研究のありさまを目の当たりにしてまとめた、類のない書である。渡辺の視野の広さと深さが伝わってくる。

・高田修『仏像の起源』（岩波書店、１９９４）
仏像は当初、ブッダのありのままに近い姿であったが、徐々に着飾る姿へと造形されていった。その誕生について北西インドのガンダーラと中インドのマトゥラーとに大別して論じた大著。今後、本書にふれずして仏像の起源を論ずることはできず、もはや古典というべき書である。

・櫻部建『倶舎論の研究』（法藏館、１９６９）
日本には古来、倶舎と唯識を合わせた性相学という一つの学問研究の歴史がある。梵、蔵、漢を駆使し、三世実有、刹那滅の理論が初期仏教以来の思想に忠実であることを論証した書である。これを平易に述べたものが同じ著者による『存在の分析（アビダルマ）』（角川文庫）である。

資料編

伝統教団10宗派　30年の推移

予算・寺院数・教師数

天台宗

	平成1年	平成5年	平成10年	平成15年	平成20年	平成25年	平成29年
決　算	648,176	966,464	1,097,016	1,348,856	1,130,144	1,172,280	1,277,647
寺　院	3,283	3,289	3,343	3,350	3,342	3,340	3,336
教師数	4,324	4,363	4,328	4,323	4,272	4,234	4,320

※決算は千円単位

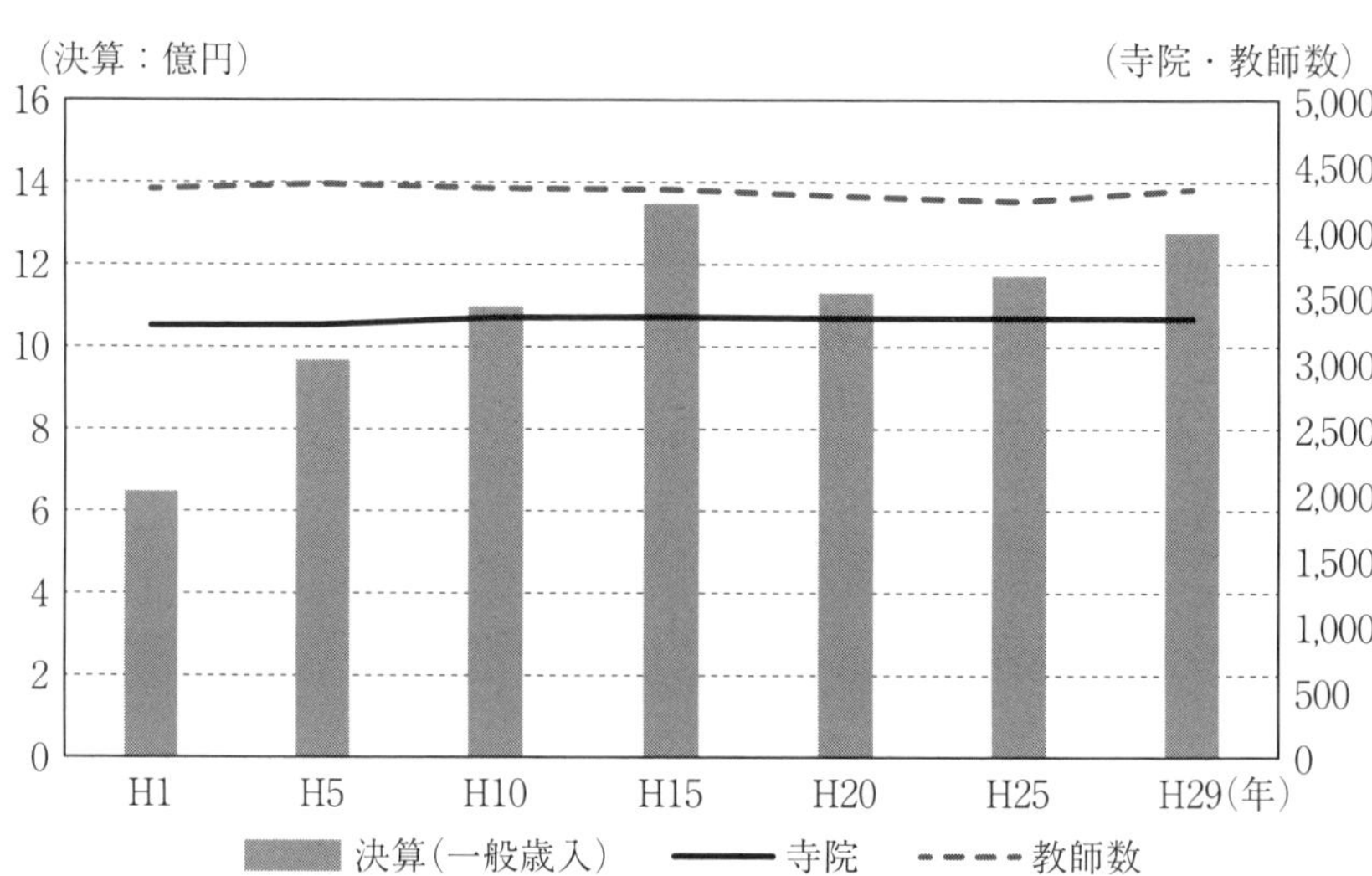

平成期の30年、伝統仏教教団はどのような道をたどったのか。宗祖の遠忌や生誕などさまざまな事業が行われた。その都度、勧募もなされた。宗派所属寺院はそのたびに協力していった。そうした教団の予算・寺院数・教師数の推移を教団発行物と『宗教年鑑』（文化庁編）を中心にたどってみた。後継者不足が指摘されながらも、教師数が増加しているところもあった。寺院数は減少気味だが、予算も増加傾向にあることがわかった。

また、過疎地寺院についての問題は平成初期から認識されてきたが、具体的な施策が講じられたとは言い難く、現在も教団の課題となっている。３つの数字に解説を加えた。

【天台宗】

決算（歳入）だけをみると6億円台だった予算が30年で約2倍の12億円台に達した。平成15年の13億円台は前年度の比叡山宗教サミ

高野山真言宗

	平成1年	平成5年	平成10年	平成15年	平成20年	平成25年	平成29年
決　算	970,826	1,064,595	933,706	1,175,757	1,433,279	1,546,018	1,506,353
寺　院	3,603	3,618	3,624	3,630	3,681	3,642	3,598
教師数	5,860	6,139	6,278	6,472	6,375	6,165	6,109

※決算は千円単位

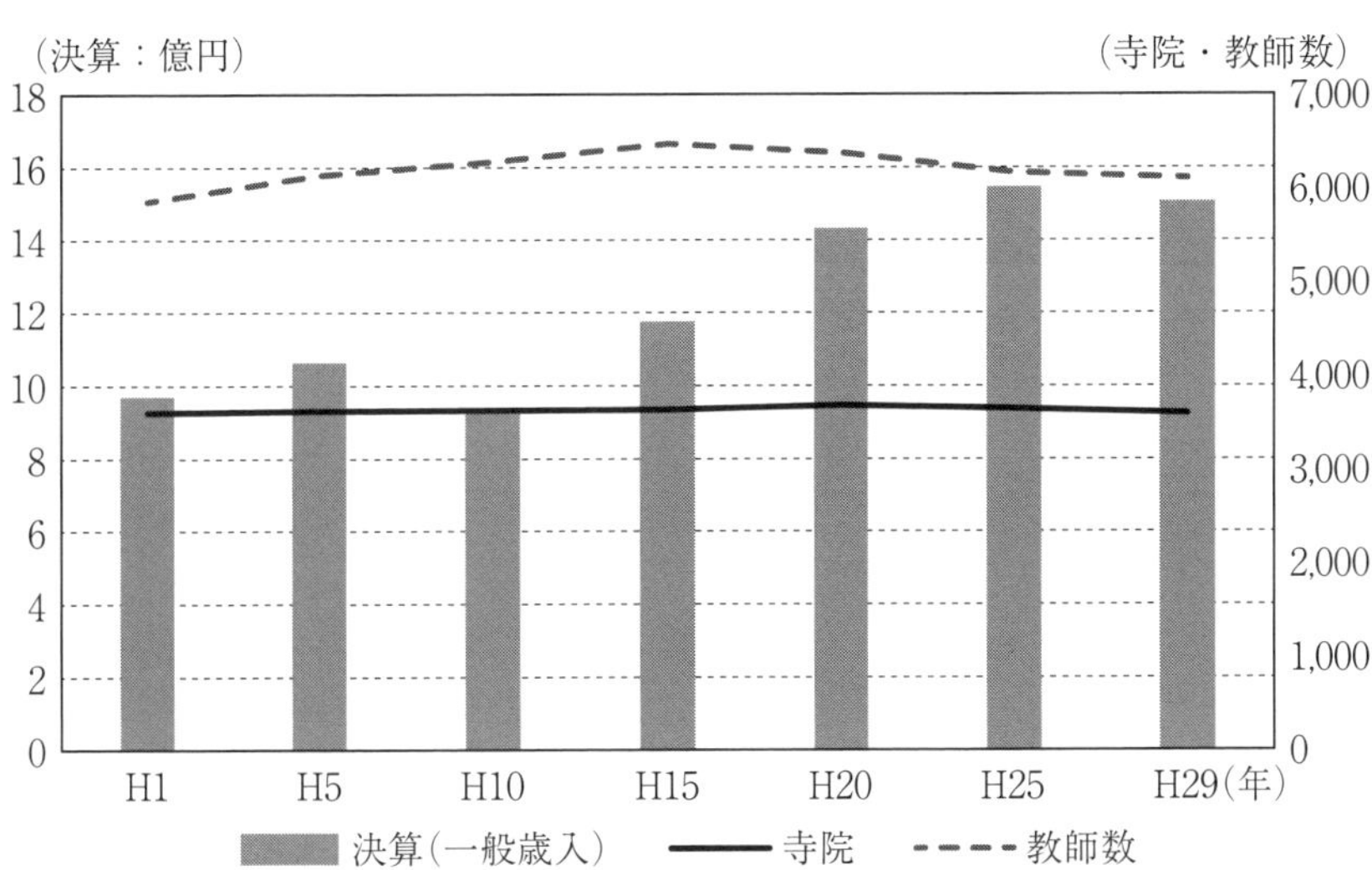

ット15周年事業の関係と推測される。

寺院数は53カ寺増。教師数は横ばいで推移し4人減にとどまっている。別の見方をすれば、死去したり資格を喪失した教師数と新たに資格を得た教師が毎年ほぼ同数ということになる。

一方で、杜田道雄宗務総長は平成30年の宗議会で903カ寺が兼務や無住だとして、「後継者不足による法務の支障」があることを明らかにした。機構改革についても言及しており、地方と中央の課題に取り組むことになる。

【高野山真言宗】

10億円前後の予算は1・5倍となり平成25年から15億円を超えた。ただし、この間、資産運用巨額損失問題が社会問題化し、宗派財政のあり方に一般社会の注目が集まり、財政健全化への取り組みに本腰をいれた。

教師数は30年で249人の増加だが、ピー

真言宗智山派

	平成1年	平成5年	平成10年	平成15年	平成20年	平成25年	平成29年
決　算	466,869	750,496	867,891	932,014	1,126,287	1,052,049	1,004,578
寺　院	2,876	2,888	2,894	2,896	2,901	2,907	2,909
教師数	4,103	4,112	4,181	5,936	6,181	3,678	3,508

※決算は千円単位

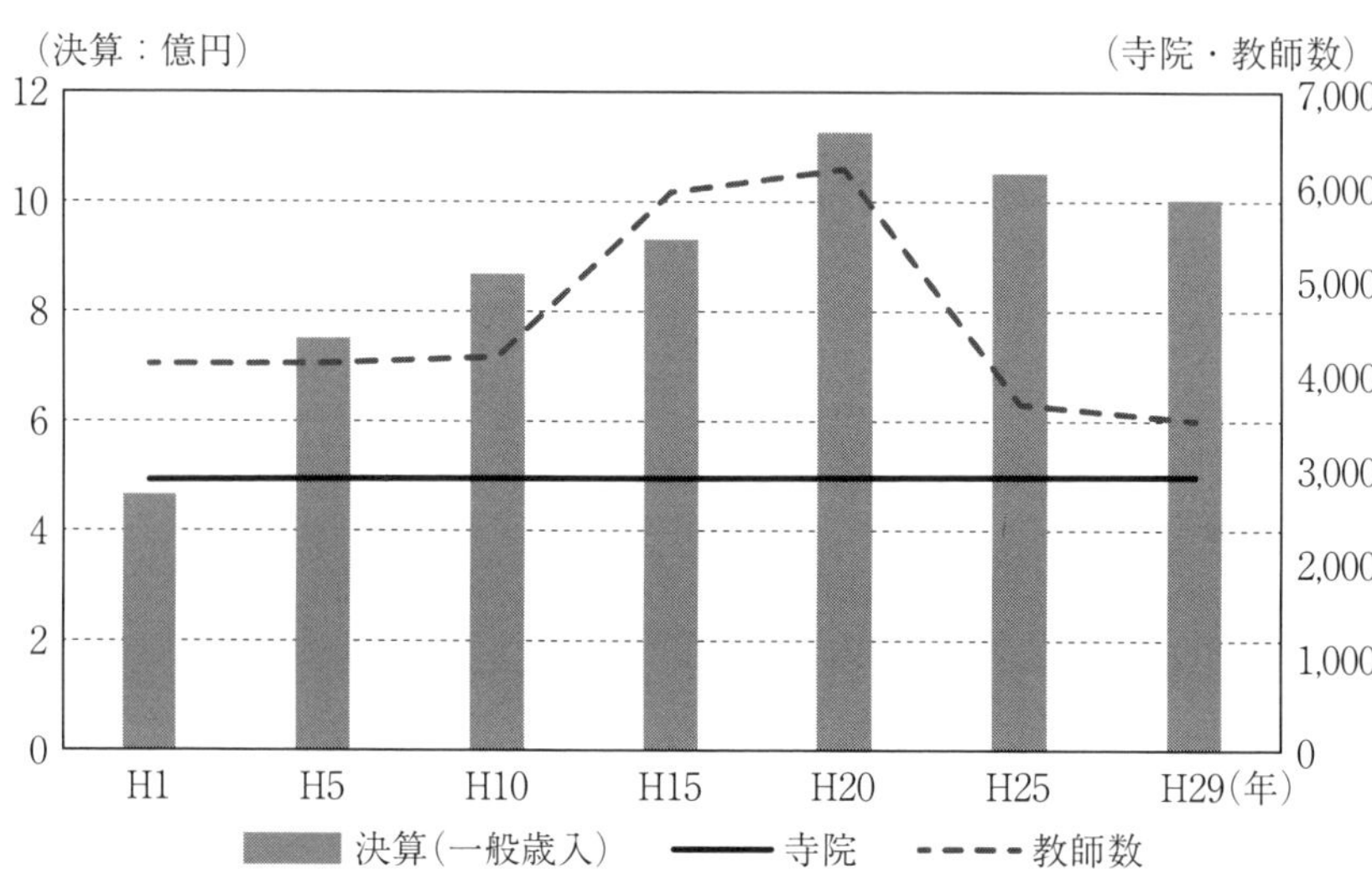

クの平成15年からはむしろ350人余りの減となった。文化庁への数字の出し方を変えたのかもしれない。

寺院数は3600カ寺を割った。消滅可能性都市に50％近い末寺が存立することから、過疎化対策としていかに廃寺・合併を食い止めるかも重要課題になっている。現内局は現今の社会情勢に鑑み、「小さな本山」「堅実な積極財政」を掲げて予算構成全体を見直す作業に入っている。

【真言宗智山派】

平成元年の宗派決算は約4億7千万円だったが、その後は増え続け、現在は2倍強の10億円超となった。

寺院数は微増し続けているが、法人格を有する寺院数で見ると、平成元年の全寺院数と法人格寺院は同数の2876カ寺。同29年は2909カ寺と33カ寺増だが、法人格寺院は

真言宗豊山派

	平成1年	平成5年	平成10年	平成15年	平成20年	平成25年	平成29年
決　算	707,477	1,185,523	964,659	983,881	1,138,793	950,212	1,020,035
寺　院	2,629	2,642	2,636	2,636	2,636	2,636	2,633
教師数	2,862	2,944	2,147	2,464	2,789	3,053	3,176

※決算は千円単位

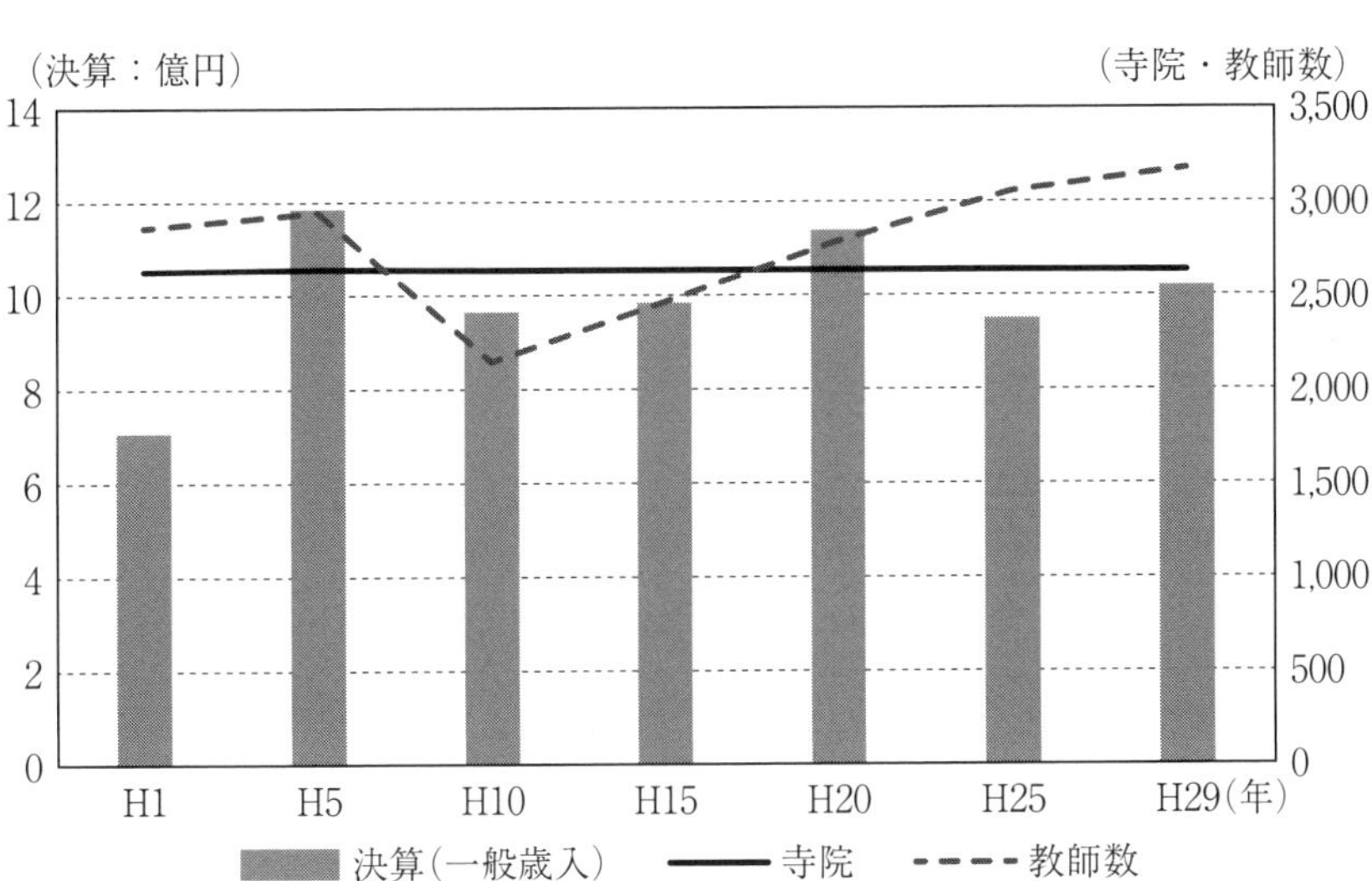

２８５５カ寺と微減している。

教師数は30年で６００人近く減っている。また平成15年と同20年は約６千人となり、同25年には一気に２５００人が減った。これは当時の集計方法が異なっていたようで「教師数に得度した僧侶数も足した数だったのだろう」（宗務庁庶務課）。教師数の捉え方は教団によって異なるようだ。

【真言宗豊山派】

豊山派の数字は、平成元年と同５年の寺院数と教師数は『宗教年鑑』によっている。それ以降（平成８年～）は、教団が把握している数字だ。そのため、簡単には比較はできない。元年と29年では寺院で４カ寺、教師で３００人超の増となっている。平成10年を基準にすると寺院は３カ寺減だが、教師は１０２９人の増加となる。禅宗以外の教団と近似した傾向だ。

浄土宗

	平成1年	平成5年	平成10年	平成15年	平成20年	平成25年	平成29年
決　算	1,209,829	1,607,499	1,605,043	1,847,322	1,971,039	4,128,219	2,209,596
寺　院	7,115	7,103	7,098	7,074	7,069	7,067	7,037
教師数	9,599	9,806	10,177	10,514	10,700	10,906	10,710

※決算は千円単位

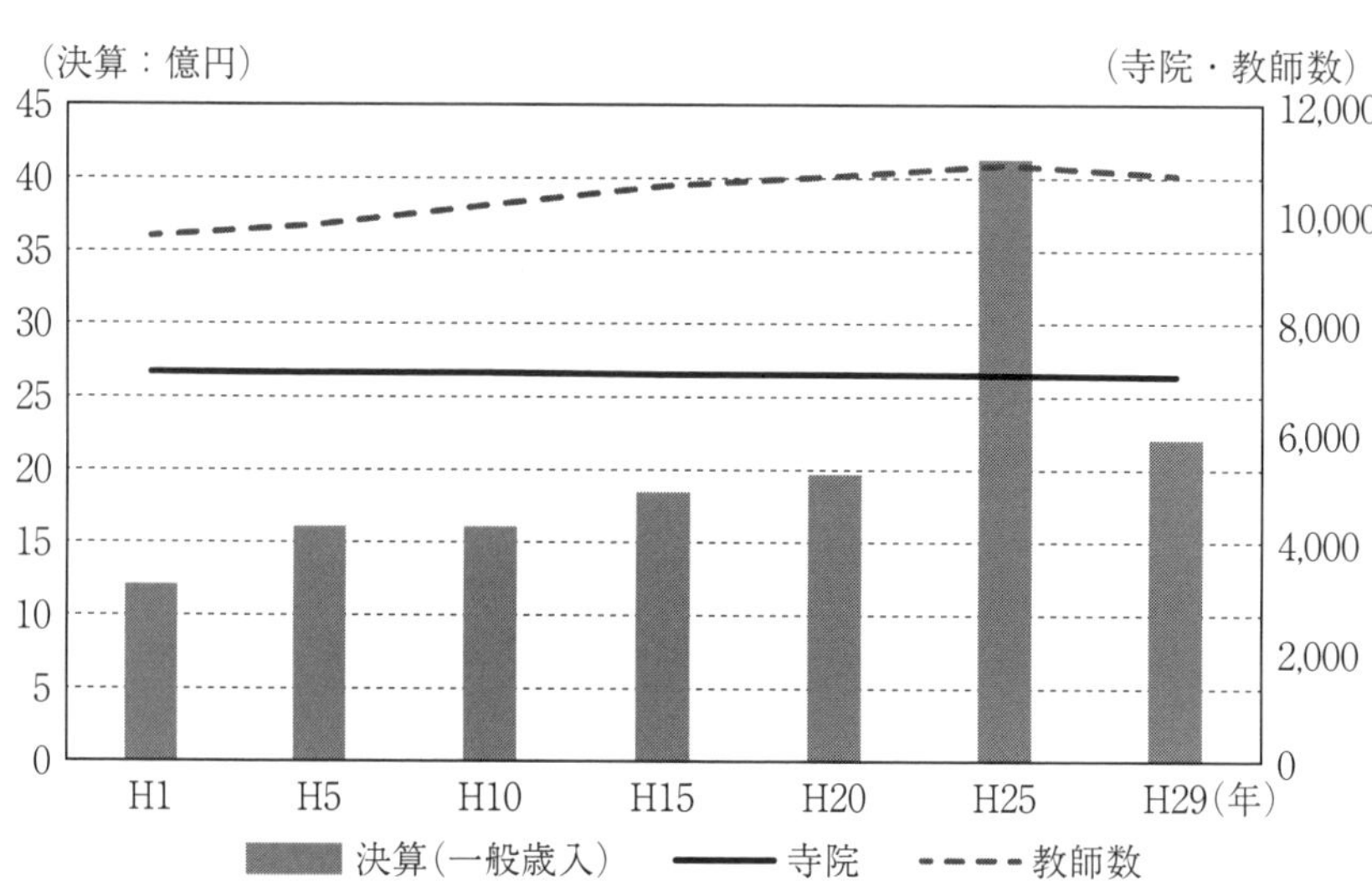

予算（決算）は年度によって凹凸がみられる。遠忌や各種事業の関係と思われる。30年で約44％増となった。

東日本大震災による東電福島原発事故。避難指示解除地域と帰還困難区域を本紙が調べたところ、豊山派が13カ寺ともっとも多い（次は曹洞宗10カ寺）。こうした状況は歳入にも影響しているとみられる。

【浄土宗】

宗務庁の機構改革に取り組み、平成31年4月から新たな機構に移行。

平成元年と同29年を比較すると、寺院は78カ寺減少だが、教師は千人以上の増となっている。歳入では、平成25年に予算が膨らんでいるのは「浄土宗基金」の設置のためだ。それでも元年と29年の比較では、82％増の予算となった。この増加率は他の教団からみても大きい。

浄土真宗本願寺派

	平成1年	平成5年	平成10年	平成15年	平成20年	平成25年	平成29年
決　算	6,323,551	8,184,192	8,333,342	8,850,801	7,997,233	5,678,060	4,870,682
寺　院	10,364	10,349	10,326	10,304	10,274	10,216	10,156
教師数	17,179	17,540	18,173	18,931	19,299	19,488	19,356

※決算は千円単位

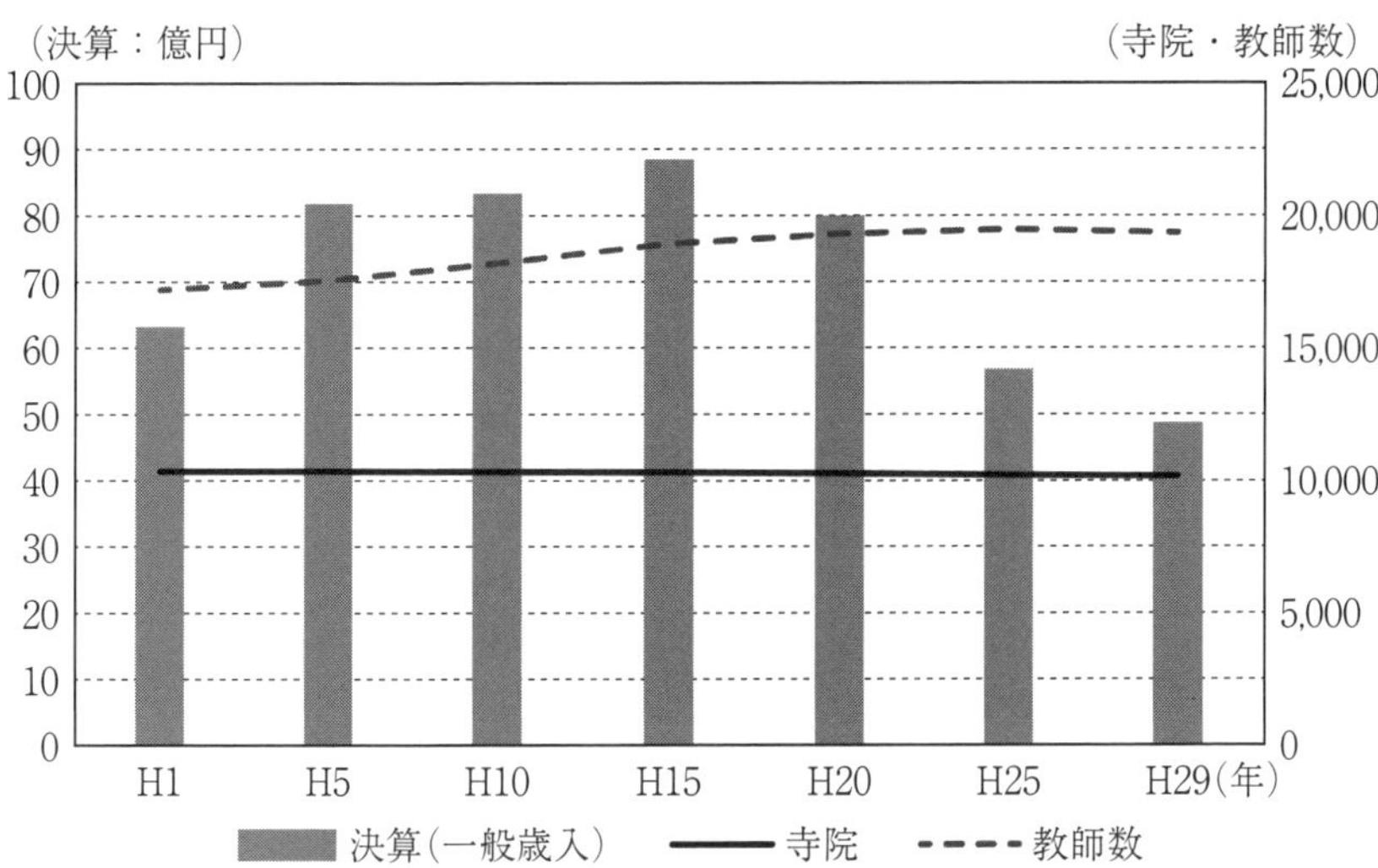

【浄土真宗本願寺派】

本願寺派は、宗法を見直し機構改革を検討してきた。その結論として平成24年（2012）4月から、現在の宗派と本山本願寺がそれぞれ独自の運営となり、予算も別々となった。従来は宗本一体予算で、90億円に近い年度もあった。独自運営に移行してからは、その5割から6割の予算となった。

元年と29年の比較では、寺院は約200カ寺の減少だが、教師は2千人以上の増。寺院子弟以外にも僧侶を目指す人が少なくない。

真宗大谷派

	平成1年	平成5年	平成10年	平成15年	平成20年	平成25年	平成28年
決　算	8,527,240	10,299,263	11,143,467	13,820,736	8,623,663	8,865,346	8,605,663
寺　院	8,911	9,000	8,867	8,928	8,851	8,785	8,726
教師数	16,605	16,920	16,754	17,235	17,458	17,506	17,356

※決算は千円単位
※平成28年が最新

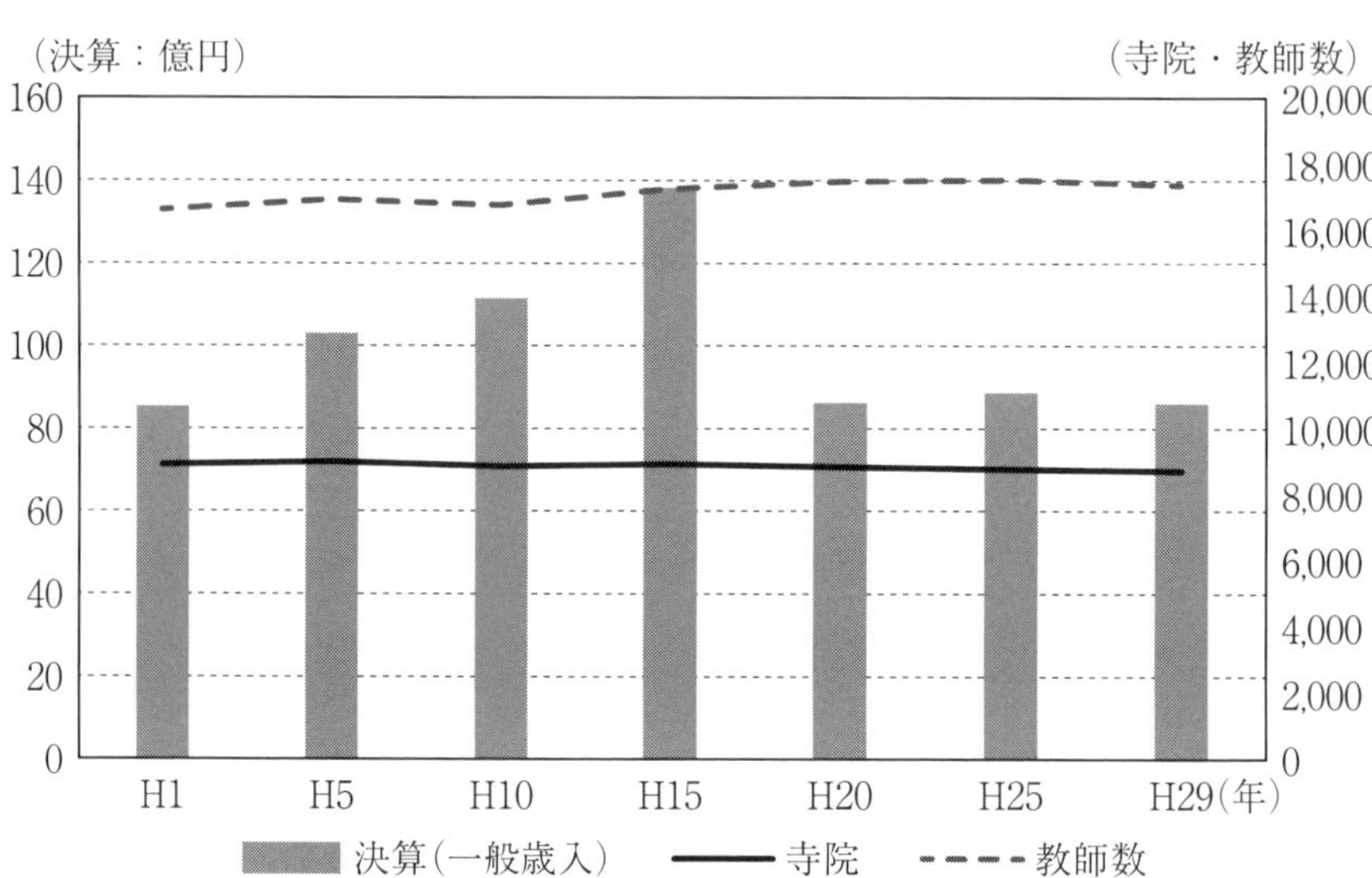

【真宗大谷派】

大谷派の決算は2年後になるため、最新は平成28年度。最大時には130億円台と他教団を圧倒している。現在は80億円台に落ち着いている。100億円台で推移したのは平成10年の蓮如上人500回遠忌の関連事業のためと思われる。

教師数は30年で751人増。寺院数の約2倍の1万7500人前後と安定している。寺院数は185カ寺減だが、いわゆる〝お東紛争〟のため平成初めには教団から離脱した寺院もあると思われる。

【臨済宗妙心寺派】

妙心寺派は教師数と寺院数が共に3400～3500で推移。ただし、寺院数は66カ寺、教師数は181人の減少だ。予算（決算）は約46％増加している。

注目されるのは、平成24年に設置された宗

臨済宗妙心寺派

	平成1年	平成5年	平成10年	平成15年	平成20年	平成25年	平成29年
決　算	741,998	1,344,494	923,372	958,355	1,205,737	1,089,129	1,085,622
寺　院	3,414	3,407	3,396	3,389	3,375	3,362	3,348
教師数	3,535	3,444	3,476	3,457	3,452	3,399	3,354

※決算は千円単位

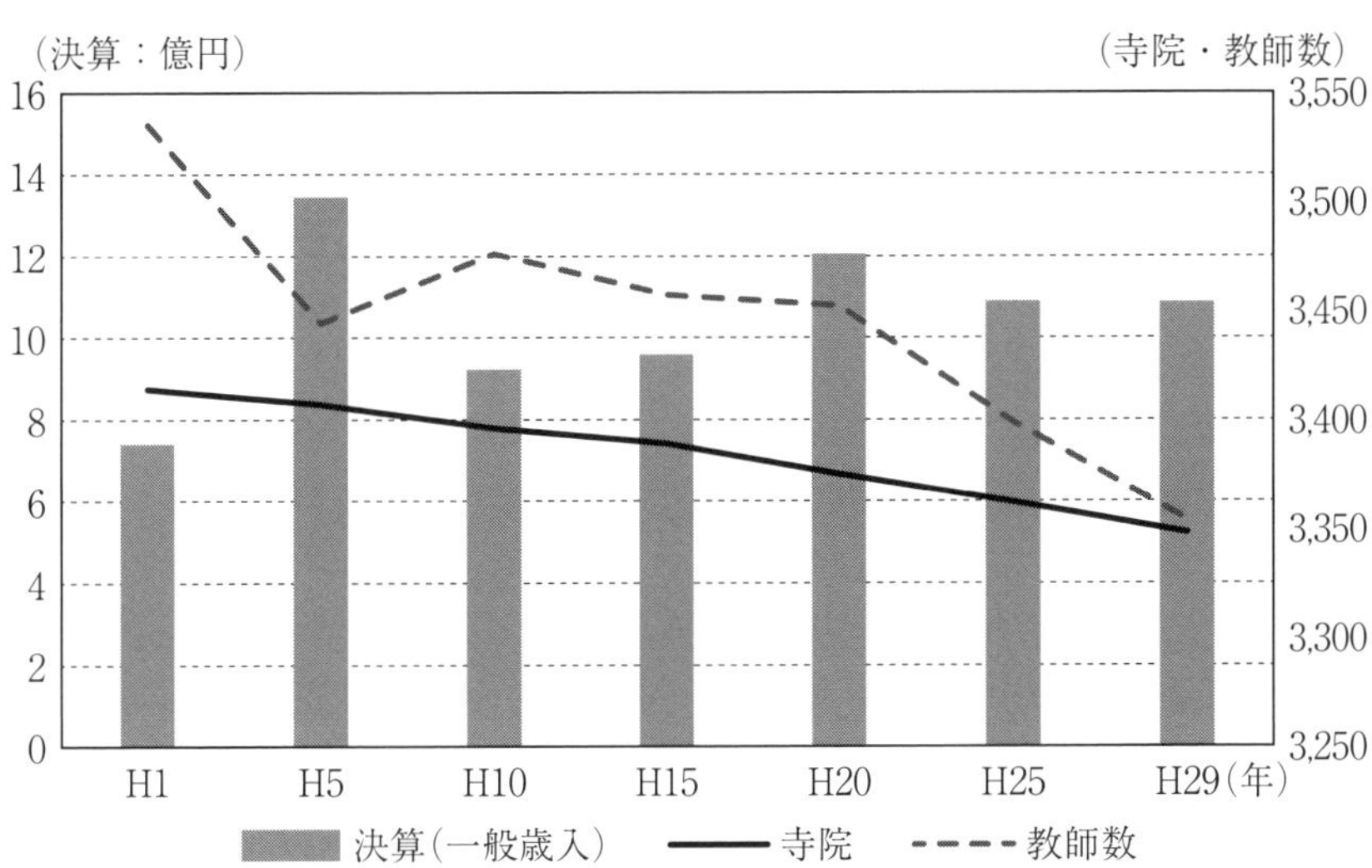

門活性化推進局の存在である。宗教法人としての公益性から、過疎地寺院（法人）への対策や、企業を定年退職した人材の再活用を目指す「第2の人生プロジェクト」を担当している。運営が困難な過疎地寺院があると、地元住民とも話し合って合併や廃寺を決める。その際には宗教法人格を返上する。それが数字にも表れている。

【曹洞宗】

「1万5千カ寺」を標榜する曹洞宗。日本最大の宗派だ。寺院数は横ばいだが、教師数は1千人以上減少。他宗派はわりと教師数が増加傾向にあるが、妙心寺派を含め禅は減少気味である。予算（決算）は約3割増加。

曹洞宗は10年ごとに宗勢調査を実施。最新の報告書（２０１５年版、２０１７年発行）では、「地域社会における過疎化、少子化の進展、伝統的な地縁・血縁的共同体の崩壊が顕

曹洞宗

	平成1年	平成5年	平成10年	平成15年	平成20年	平成25年	平成29年
決　算	3,912,423	3,646,164	4,949,092	5,386,893	5,454,055	5,010,068	5,063,219
寺　院	14,741	14,735	14,688	14,555	14,571	14,571	14,713
教師数	16,979	16,822	16,643	16,572	16,374	16,121	15,841

※決算は千円単位

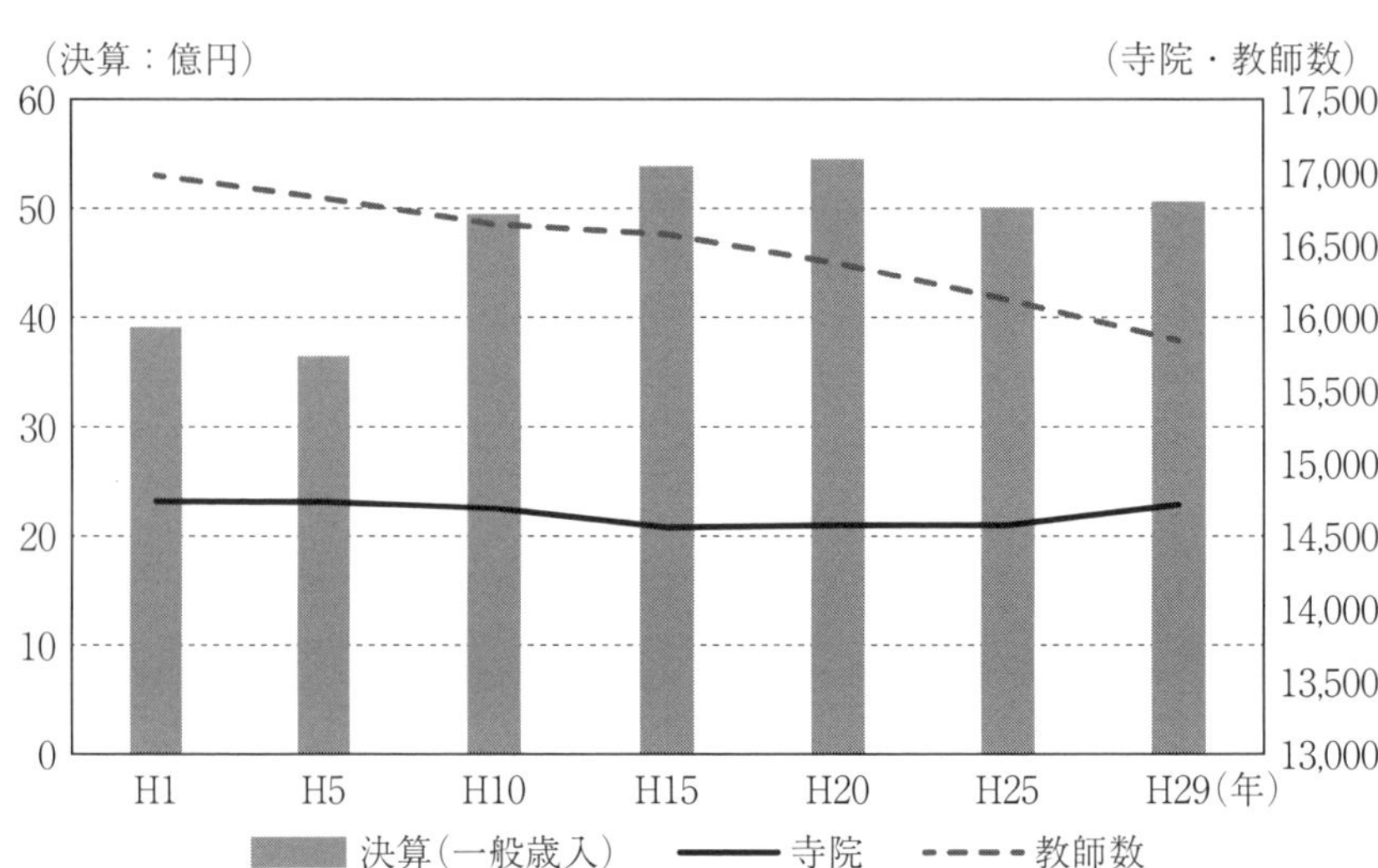

在化し、現状のままでは宗門寺院の存続ができない状況」にあると危機感を募らせている（釜田隆文宗務総長＝当時＝の序文）。

そのデータからは、住職の高齢化が指摘され、１９８５年では54・7歳だったが、２０１５年では60・1歳と初めて60代に入った。とりわけ女性住職の高齢化を指摘している。

【日蓮宗】

立教開宗７５０年の平成14年（２００２）4月から日蓮宗の新機構が始動した。伝道局と総務局を新設し、伝道宗門としての位置づけをより明確化した。新機構は定着してきた感がある。

30年で寺院は約１００カ寺減だが、教師は約３７０人増。予算は15億円台から20億円台と約50％増となった。

日蓮宗

	平成1年	平成5年	平成10年	平成15年	平成20年	平成25年	平成29年
決　算	1,500,972	1,904,709	2,168,999	2,024,595	2,221,385	2,261,187	2,193,556
寺　院	5,267	5,270	5,228	5,194	5,182	5,178	5,168
教師数	7,804	7,938	8,009	8,176	8,285	8,293	8,177

※決算は千円単位

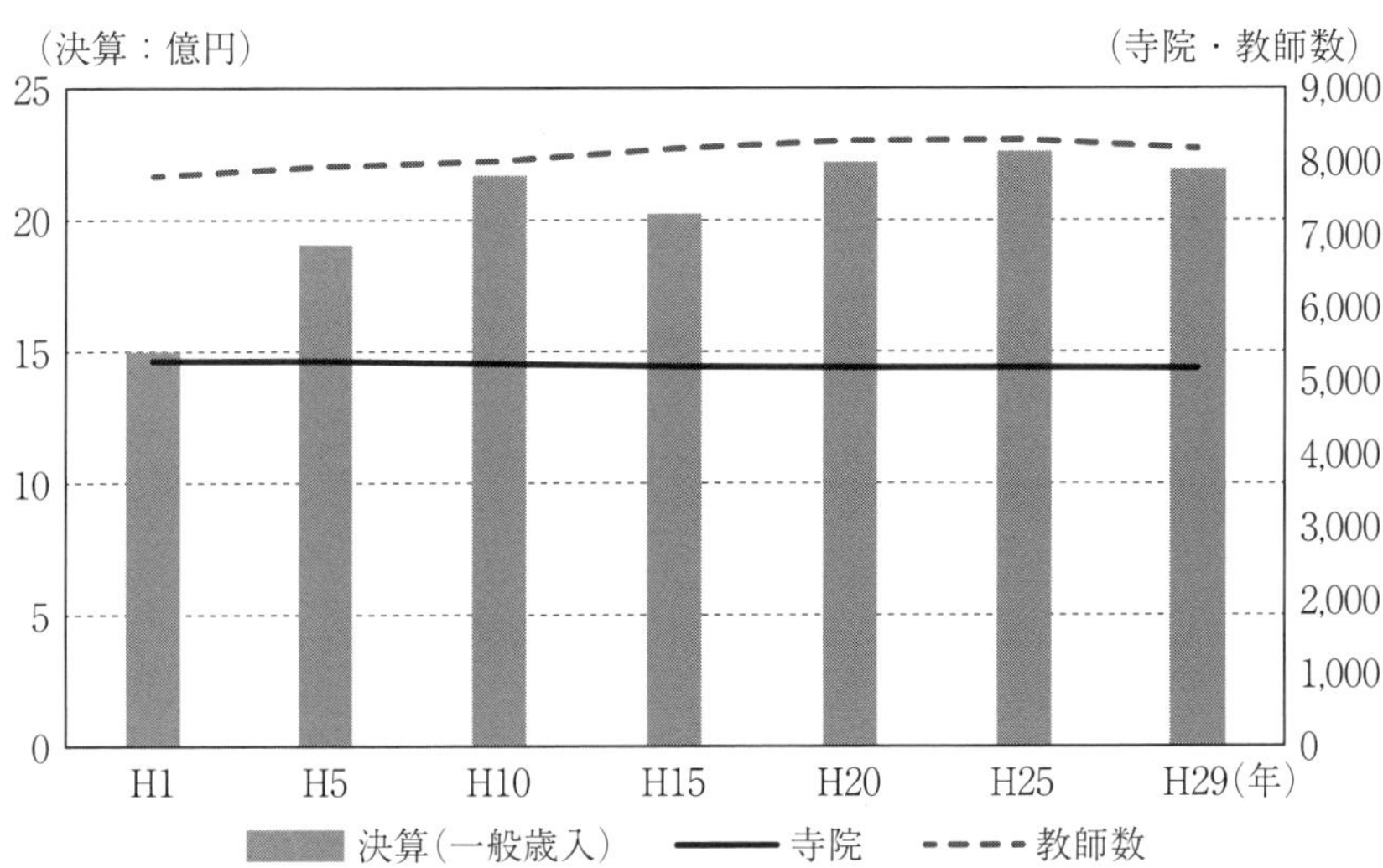

「限界宗教法人」のインパクト

本願寺派は本山と宗派を分離したため単純に比較できないが、10大宗派の予算は総じて増加。天台宗と智山派は共に約2倍となった。それに1・8倍の浄土宗が続く。

教師数は数字の上ではそれほど減ってはいない。しかし住職・教師の長命化も影響していると考えられる。3年前に仏教タイムスが実施した住職アンケートでは75％が住職の「定年」は不要だと回答し、生涯住職意識が根強い。

寺院数のグラフをみると、ほぼ横一直線に近く、それほど大きな変動はみられない。すなわち寺院数はそれなりに維持されてきた。それが今後も続くかと言えば、かなり厳しい状況に直面しそうだ。

日本創成会議が「消滅可能性都市」として発表したのは896自治体。宗教学者の石井研士氏（国学院大学教授）はそれに宗教法人の分布を重ね、教団別の「限界宗教法人」を割り出した（『宗務時報１２０号』平成27年10月）。その結果、高野山45・５％、曹洞宗42・１％、智山派38・９％、天台宗35・８％、妙心寺派34・７％、日蓮宗34・３％、本願寺派32％、大谷派28・５％、浄土宗25・２％、豊山派24・２％となった。

　この数値はインパクトを与えた。高野山と曹洞宗が４割を越え、他方、浄土宗と豊山派は２割なかほどにとどまった。人口減少は、寺院収入に直結する。さらには宗費負担にも影響すると予測される。すなわち教団運営をも左右しかねないのだ。

　20年後、30年後、教団はどんな姿を見せるのか――。

※仏教タイムス２０１９年１月11日号から３回連載。本文は加除・訂正した。

あとがき

平成30年（２０１８）は明治維新から１５０年にあたる。続いて平成31年（２０１９）４月末で平成は幕を閉じ、現在は令和の時代に入った。近代１５０年の歴史と平成30年の歩みをたどる、さまざまな企画が各方面で相次いだ。例えば、日本近代仏教史研究会の年次大会ではシンポジウム「本山の明治維新」（２０１８年５月）が開かれ、日本宗教学会の大会パネル（同９月）では近現代史を射程にした「近代の仏教思想と日本主義」「東西を往還する日本仏教」「仏教と近代アジア」などが行われた。近代仏教研究の急速な深化もあって、この分野への関心は高まり、関連書籍も多数にのぼっている。

そうした時流もあり、弊紙仏教タイムスでも近現代仏教・宗教をテーマにした座談会・鼎談、そして研究者アンケートを２年にわたり実施し、掲載した。初出は次の通り。

第１部　座談会　学僧が語る近代仏教　明治維新１５０年企画
　平成30年（２０１８）１月１日号、11日号、18日、25日、２月１日号
第２部　鼎談　平成仏教・宗教30年史

平成31年（２０１９）1月1日号、10・17日合併号、24日号
平成30年（２０１８）1月11日号、2月1日号、3月8日号、22・29日合併号

１５０年を区分すると敗戦の昭和20年（１９４５）が分岐点となろう。そして国民主権の新憲法のもとで戦後日本は新たなスタートをきった。戦災にあった寺院も徐々に再建されていった。例えば、東京大空襲で焼失した浅草寺の本堂は昭和33年（１９５８）に再建された。四天王寺は大阪大空襲により伽藍を焼失し、主要伽藍が再建されるのは昭和38年（１９６３）である。そこには戦災寺院を復興しよう、復興させたいという庶民の信仰や願いがあったであろう。高度経済成長も再建を後押した要因としてある。

昭和の終わり頃には過疎化による地方寺院の苦況が少しずつ明らかになってきた。それが現在、伝統仏教界共通の問題意識となり、実態調査が行われている。戦災寺院を復興させたような信仰の力を結集できるのか。流行の言葉を借用すれば〝持続可能な寺院〟をどう形作っていくかである。

また情報伝達のあり方も変化した。紙媒体からネット媒体へとシフトし、誰もが情報発信ができ、ネット環境にある誰もが受信できるようになった。宗教と情報の歴史を見ると、両者には親和性がある。15世紀、グーテンベルクが発明した活版印刷によって聖書は急激に普及した。一方、日本を見ると古代には漢訳仏典は書写され、後には版木となって広まった。明治以降は印刷技術の発展と共に新聞や雑誌などが一気に普及し、近代仏教はその恩恵に浴した。コンピュータ時代に入り、活字は電子化され、ネット上で経典を読むこ

とが可能になった。

さまざまな時代の中で、相応の役割を担ってきた仏教や寺院、あるいは研究が、これから先、どのような道を歩むのか。本書から何かしらのヒントを得ていただければ幸いである。

最後に座談会と鼎談出席者、アンケートにお応えいただいた皆さまに感謝申し上げます。

合掌

令和元年（２０１９）12月

仏教タイムス編集長　工藤信人

近現代日本仏教の歩み
明治から平成まで150年を追跡

発　行　　令和２年（2020）４月１日　初版

編　集　　仏教タイムス社編集部
発行人　　山崎　龍明
発行所　　株式会社　仏教タイムス社
〒162-0843 東京都新宿区市谷田町２－７　東ビル６階
電話：03-3269-6701　　FAX：03-3269-6700
Mail：info@bukkyo-times.co.jp
HP：http://www.bukkyo-times.co.jp/

印　刷　　モリモト印刷株式会社

ISBN　978-4-938333-10-2